目次

凡例

・本書は、ヨハン・ゴットフリート・ヘルダー『言語起源論』(Johann Gottfried Herder, *Abhandlung über den Ursprung der Sprache*, Berlin, 1772) の全訳である。底本には、ヘルダー自身による手稿最終稿を用いた。
・底本として用いた手稿最終稿は、ベルリン国立図書館が所蔵しているヘルダーの遺稿のうち、第一部は第三手稿(カプセル番号Ⅱ、フォルダ番号三、計三〇枚)、第二部は第二手稿(カプセル番号Ⅱ、フォルダ番号二、二四〜四一枚目)である。第三手稿に欠けている第二章の一部については、ベルリン・ブランデンブルク学術アカデミーの資料館に所蔵されている清書稿、および他の版を参照した。詳細については、巻末「訳者解説」を参照されたい。
・原注は、底本の表記に準じて「#」で示した。原文では脚注の形式で記されているが、本訳では参照の便宜を考慮して、当該段落の末尾に置いた。
・訳注は「＊1」の形で表示し、巻末に一括して掲載した。
・訳文中で用いた記号類については、以下のとおりである。
傍点(・) 底本で下線によって強調されている箇所
傍点(、) 底本で二重下線によって強調されている箇所

〔　〕底本にはなく、清書稿で著者自身によって補筆された箇所
［　］訳者による補足・注記（ラテン語が記されている箇所に原綴を補足した場合も含む）
〈　〉読みやすさなどを配慮して訳者が便宜的に補った括弧

・本書には、今日では差別的とされる表現が散見される。可能なかぎり配慮して訳文を作成したが、本書の歴史的価値を鑑みて、ご理解を賜りたい。

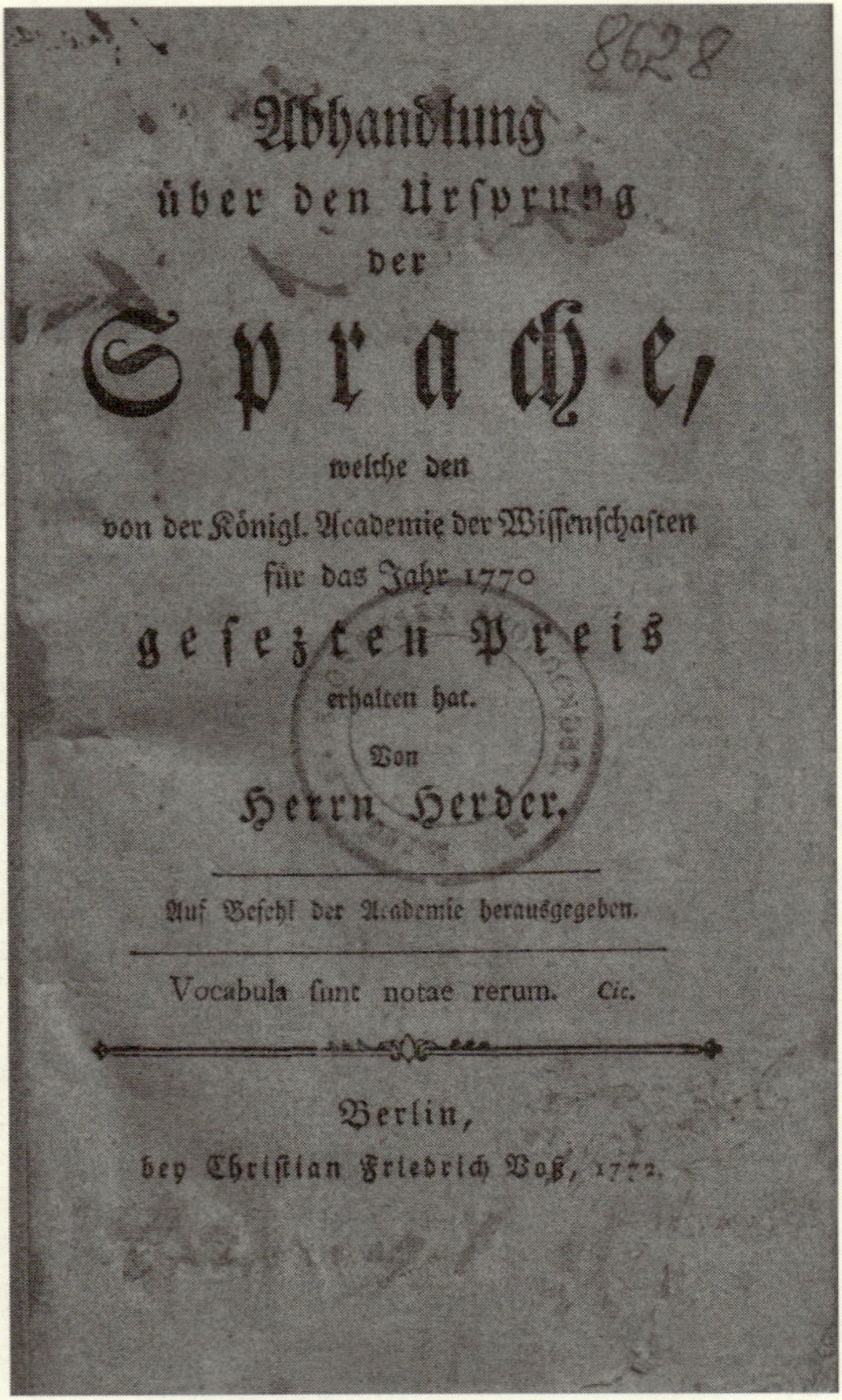

Abhandlung
über den Ursprung
der
Sprache,
welche den
von der Königl. Academie der Wissenschaften
für das Jahr 1770
gesezten Preis
erhalten hat.
Von
Herrn Herder.

Auf Befehl der Academie herausgegeben.

Vocabula sunt notae rerum. *Cic.*

Berlin,
bey Christian Friedrich Voß, 1772.

『言語起源論』初版（1772年）扉

言語の起源に関する論文

王立学術アカデミーから一七七〇年にあたり設けられた賞を授与されたもの

ヘルダー氏による

アカデミーの命により編集された

言葉は事柄を認識するための記号である。キケロ〔Vocabula sunt notae rerum. Cic.〕

ベルリン、版元クリスティアン・フリードリヒ・フォス、一七七二年

第一部

人間は、その自然能力に委ねられて、
みずから言語を発明することができたか？

第一章

動物として、人間はすでに言語をもっている。[*1] あらゆる激しい感覚、さまざまな激しい感覚のうちで最も激しい身体の苦痛の感覚も、魂のあらゆる激情も、直接、叫び声や音で、すなわち抑制も分節もされていない音声の形で現れる。苦痛に悶《もだ》える動物は、英雄ピロクテテス[*2]と同じように、痛みが襲いかかってくれば泣き声をたてるだろう！　呻《うめ》き声をあげるだろう！　荒涼とした島で、助けてくれる仲間の影も形も希望もなく、一人置き去りにされた状態だとしても。それはまるで、燃えるように激しく不安に溢れた息を吐き出すことで呼吸を楽にしようとするかのような姿だ。聞く耳をもたない風を呻き声で満たすことによって痛みの一部を吐息にして吐き出し、またその空っぽの空間から、少なくとも苦痛を何とかするための新しい力を体内に取り込むかのような姿だ。自然は我々を隔絶された岩塊や自我中心的なモナド[*3]として創ったりはしなかった！　動物的な感情のうち最も繊細な弦（感情をもつメカニズムにもっとふさわしい比喩を知らないので、この喩えを用いるしかない！）、それらの響きや張り具合いは恣意によらず、熟慮によるものでもまったくない。その本性は理性によるいかなる研究によってもいまだ究明し尽くされていないが、そうした弦ですら、その音色のすべてにおいて、他者の共感を意識せずとも、別の被造物《いきもの》に向けた感情の現れになっている。この打ち鳴らされた弦はみずからの本来の義務をなす。すなわち、響くのだ！　同じように感じてくれるエコー《こだま》へとそれは呼びかける。たとえそこに誰もいないとしても、たとえ誰かが答えてくれることを望みもせず、待ちもしないとしても。

　生理学が魂の仕組みを説明できるほど進歩したとしよう。私としては、そのようなことがあるのか非常に疑わしく思っているが、もしそうなれば、神経構造を細部にわたって分析することで、この現象に少なからぬ光をあてることになるだろう。しかしそれは、この現象をひどく小さくて光沢のない、鈍《にぶ》い個々別々の鎖のごときものへとばらばらにしてしまうことにもなると思う。そこで、我々は魂の仕組みを全体として、すなわち冴え冴えと明白な自然法則として仮定してみよう。ここに繊細な感覚をもつ存在がいて、その生き生きとした感覚を一つも自分の内に閉じ込めておくことができず、思いがけないことが起きると、瞬時に、恣意や意図などとは関係なく、音声で表現せずにはいられない。これは生み育てる母である自然の手による最後のひと押しのようなものだった。自然はあらゆるものを世に送り出す際に、「己《おのれ》のためにのみ感じてはならぬ。さにあらず、汝《なんじ》の感情を鳴り響かせよ！」という掟をもたせたのである。この創造の最後のひと押しが、ただ一つの種属のあらゆるものにとって一様だったために、この法則は祝福になった。「汝の感情が汝の種属の誰にでも同じく響くように、そして、あらゆる者からまるでただ一人からであるかのように同じ気持ちで聞かれるように！」　今は、この弱く繊細な存在に触れるなかれ！　一人きりで、ばらばらに、この世のあらゆる敵意に満ちた嵐にさらされているようであっても、孤独ではない。自然全体と結びついているのだ！　弦が繊細に張られた状態で。だが、自然はこれらの弦の中へと音を隠し込んだ。これらの音は、刺激されて勇気づけられると、同じように繊細に作られた他の被造物を目覚めさせ、目に見えない鎖を通じるかのように、遠くにある心に、このまだ見ぬ被造物に代わって感じた閃光を伝えることができる。すなわち、そこには繊細で眠っている状態の銀の矢[*4]で満たされた矢筒が存在している。それらの矢は光線と同様に繊細かつ迅速であり、感情や相互の感情の使者として空気をざわめきで満たす[*5]。こうしたため息、こうした音は言語である。すなわち、直接的な自然法則である、感覚という言語が存在するのだ。

人間がこの言語をもともと動物と共有していることが示されているのは、今となっては当然のことだが、その感覚の完全な表れというよりも、ある種の名残りによってである。だが、この名残りだけでも反論の余地はない。我々の作為的な言語は自然の言語を押しのけてしまい、我々の市民的生活様式や社交上の行儀作法は、情熱の洪水や大海を思いどおりにせき止め、干上がらせて、別の方向へと導いてしまったのかもしれない。情感の最も激しい瞬間、それらはどこへ行った？　どれくらい稀になってしまったことか？　それでもなお権利を取り戻し、その母なる言語で直接その抑揚を通して鳴り響いている。いきなり起こる情熱の嵐、突如として襲ってくる喜びや愉しさ、深い恐怖を魂に刻み込む際の痛みや嘆き苦しみ、あるいは復讐、絶望、激怒、驚愕、戦慄、その他さまざま、すべては感じることができるものだが、それぞれ異なった現れ方をする。我々の本性の中にまどろんでいる知覚可能性の多さに応じて、音の種類[*6]も多くある——　——だから私は言っておきたい。人間の本性が動物の種類のどれかと似ている部分が少なければ少ないほど、人間の本性が動物と神経構造において似ていなければ似ていないほど、動物たちの自然語は我々にとってわかりづらくなる。陸に棲む動物である我々は水に棲む生物のことよりも陸に棲む動物のことのほうがよくわかる。そして、陸といっても群れで暮らす動物のことのほうが森の生物のことよりもよくわかる。そして、群れで暮らす動物の中でも、我々に最も近いもののことがいちばんよくわかる。もちろん、付き合いや慣れの多寡がここには関係している。自分の馬と一心同体であるアラブ人が、初めて馬に乗るような者よりも馬のことをもっとよくわかっているのは当然である。『イーリアス』の中でヘクトールが自分の馬たちと話ができた[*7]のと同じようなものだ。砂漠にいて、自分のラクダや飛び交う鳥たちの他には何も身のまわりにいないようなアラブ人は、住宅に暮らしている我々よりも彼らの本性をたやすく理解できるだろうし、鳥たちの叫ぶような声がわかると信じることができる。森の子である狩人はシカの声を理解し、ラップランド人[*8]は自分のトナカイの声を理解している——　——しかしながら、これらはいずれにせよ例外である。実際のところ、この自然の言語はあらゆる種属において互いのための種属語のようなものであり、そのようにして人間もまた自分自身の種属語をもっているのである——

さて、これらの音はもちろん非常に単純である。それらが分節され、感嘆詞として紙の上に書き綴られると、正反対の感情がほぼ同一の表現となる。弱々しい〈あぁ！〉は、とろけるような愛の音声であり、また沈み込むような絶望の音声でもある。炎のような〈おぉ！〉は、突如とした喜びや突発的な怒りの迸《ほとばし》りであり、高まりゆく感嘆や胸に込み上げる悲嘆の迸りである。これらの音声は、感嘆詞として紙の上に描かれるためにのみ存在するのだろうか。この曇り霞《かす》み、慰めを切なく求める目に浮かぶ涙―憂いの顔《かんばせ》なるこの画面全体の中で、何と心を打つことだろう。涙だけを取り出してみると、それは冷たい水滴でしかなく、顕微鏡の下にもってきてみると―それが何であるのかなど私は知りたくない！　この弱まっていくような息、途切れた嘆息、それは苦痛で歪んだ唇の上でうずきつつ死んでいくのだが―これを生き生きとした協力者たちから切り離してみよ。すると、それは虚しい空気のひと吹きにすぎない。感覚のさまざまな音の場合もそれと違わないのではないか？　生き生きとした関連の中で、作用してくる自然という画面全体において、他の多くの現象にともなわれているなら、それらの音は心を動かし、充足したものである。しかし、他のあらゆるものから分かたれ、引き離されて、生命を奪われてしまうなら、当然、暗号以外の何ものでもない。そうした自然の声は、絵に描かれて恣意化された綴り文字の状態にある。――当然ながら、これはまだ言語の音には乏しい。しかし、感じやすい性質の存在には、単に機械的に苦しんでいるかぎり、我々の魂に関する諸々の心理学説が情熱として数え上げたり言いはやしたりしているよりも、感覚の主たる種類は少ししかない。ただ、どのような感情も、たくさんの細い糸に分けられることが少なければ少ないほど、それだけさらに強力に引き締める絆の状態にある。そうした音声は多くを語らないが、しかし強く語る。その嘆きの音声とは、魂や肉体の傷のせいでさめざめと泣いているものかどうか？　この叫びは、恐怖や苦痛によって絞り出されているものかどうか？　この柔らかな〈あぁ〉は、口づけや一粒の涙とともに恋人の胸に押しつけられるものかどうか？——こうしたあらゆる違いを定めるためにこの言語が存在したわけではない。それは画像に向かって呼びかけるべきものだった。そうすれば、画像のほうが自分から語り出すことだろう！　それは音を発するが、描写はしないだろう！——そもそも、ソクラテスのかの寓話[*9]によれば、苦痛と快楽は紙一重である。自然は感覚によってそれらの両端を結び合わせた。そうなると、感覚の言語には、こうした接触点を示すこと以外の何ができるというのか？——それゆえ、私は次のように応用してもよいだろう。

あらゆる始源的言語には、この自然的な音の名残りがいまだに響いている。とはいえ、もちろん人間の言語にとって主要な経糸《たていと》はないのだが。それらは本来の根ではないものの、この言語の根を生き生きとさせる養分なのである。

　のちになって発明された精緻な形而上学的言語、これは人類の根源的かつ野生的な母語から数えておそらく四世代目の変種であり、数千年という長き変質のあとに、それ自体の生涯の数百年を通じてさらに洗練され、文明化され、人間的なものにされたが、理性と社会の子供であるこうした言語は、その最初の母親の幼年期の言語については、ほとんど、あるいはもう何も知ることができない。古くて野生的な諸言語だけが、起源に近ければ近いほど、その要素をいっそう多く含んでいる。私はここではまだ人間による言語の形成については、わずかたりとも語ることができず、ただ生の素材を観察することしかできない。私にとって言葉はまだ存在せず、ただ感覚の言葉へと至るような音しか存在しない。だが、見よ！　すでに述べたような諸言語において、その感嘆詞に、名詞〔Nomina〕や動詞〔Verba〕の語根に、これらの音が受けとめられた名残りがまだある。オリエントの最古の諸言語は感嘆の声に満ちているが、我々、すなわちのちになって形成された諸民族は、それを空白以外の何ものでもないと思うか、あるいは感覚が麻痺したかのような鈍《にぶ》い誤解をしてしまう。彼らの悲歌の中で鳴り響いているのは、未開人たちが墓でそうしたであろうように泣き叫び嘆く、あの音の響き、すなわち響き続ける自然の言語の感嘆句である。彼らの讃美の詩編において鳴り響くのは、喜びの叫びやハレルヤの繰り返しである。それらをショウ[10]は泣き女たちの口に由来すると説明しているが、それらは我々のもとではしばしば儀式ばった無意味《ナンセンス》にしかならない。彼らの詩歌や他の古き民の歌の進行や躍動の中で、戦いの舞踏や宗教的舞踏、あらゆる未開人の弔いや喜びの舞踏を活気づける音声が、いまだに鳴り響いている。彼らがコルディレラ山脈のふもとに、イロコイ[11]の雪の中で、ブラジルに、あるいはカリブに住んでいようとも。きわめて単純で最も効果がある彼らの最初期の動詞の語根は、結局のところ、かの自然の最初の感嘆表現であり、それらはのちになってからようやく一定の形を与えられた。したがって、古い未開民族の言語はいずれも、この内なる生き生きとした音の響きゆえに、よそ者には永遠に発音できないのだ！

こうした現象の大部分については、このあと全体との関連で説明可能になるだろう。ここでは一つだけ記しておく。言語の起源は神にあるという説の擁護者の一人は[#*12]、我々が知っているあらゆる言語の音声が二十数個の文字で表記できるということに驚くべき神の秩序を見出している。ただし、事実は間違っており、結論はいっそう正しくない。生き生きと鳴り響き続けている言語のうち、一つたりとも完全に文字に置き換えることはできない。まして二〇の文字にするなど、もっと無理なことだ。このことはあらゆる言語がこぞって証明している。我々の言語器官による音の区切り方《アーティキュレーション》は実に多く、いずれの音声も実にさまざまな方法で発音される。その結果、例えばランベルト氏が[*13]彼のオルガノンの第二部において、我々は音声と比べて何と少ない文字しか有していないか、また、したがって音声を文字によって表現しうる可能性がいかに不明確にすぎないかを示すことができたのは当然である。しかも、それはドイツ語からだけでも示すことができた。ドイツ語は、音の多様性やさまざまな方言の差異を書き言葉に取り込んだことが一度もない。言語全体がこうした生きた方言以外の何ものでもない場合、文字はさらに少ないのではないだろうか？　正書法の特異性や奇妙さの原因は、話すように書くのは無理であるということ以外のどこに由来するというのか？生きた言語のうち、書物の綴り文字から音声をそのまま学べるものなどあるだろうか？　また、文字から死んだ言語を呼び覚ますことなどできるだろうか？——言語は生き生きとしていればいるほど、それを文字に捉えようと考えられたことが少なければ少ないほど、未分離な完全状態の自然の音声により根源的に遡るものであればあるほど、それを書き表すのはいっそう困難であり、二〇の文字などではますます表記し難くなる。それに、よそ者にはまったく発音できないということがますます頻繁になる。この点について、北アメリカのアベナキ族のもとに一〇年間滞在したラスレ神父[*14]は、どんなに細心の注意を払っても単語の半分しか繰り返せないことが多くて物笑いの種になったと、ひどく嘆いている—もし彼がフランス語の綴り文字を使ってそうした表現を符号にしていたら、どれほどひどい笑いものになったことだろう？　ショモノー神父[*15]は五〇年間ヒューロン人のもとで過ごし、彼らの文法に身を賭したが、それにもかかわらず、その喉音文字や発音不可能なアクセントを嘆いている。「まったく同じ字母で成り立っている二つの単語が、きわめて異なった意味をもっていることがよくあるようだ」。ガルシラーソ・ディ・ベーガ[*16]は、スペイン人たちがペルー語を単語の音声面でひどく歪め、損ない、捏造し、捏造にすぎないことに基づいて彼らがペルシア人たちに根も葉もない最悪のことをなすりつけてしまった、と嘆き悲しんでいる。ド・ラ・コンダミーヌ[*17]は、アマゾン川流域の、ある小さな民族について、「彼らの言葉の一部は不完全な形ですら書き記すことができない。彼らが三音節を声に出したように思えるような場合でも、そのためには少なくとも九あるいは一〇の音節を用いなくてはならない」と語る。ラ・ルベール[*18]はシャム語について次のように述べている。「ヨーロッパ人が発音する一〇の単語のうち、土着のシャム人が理解できるものはおそらく一つもないだろう。彼らの言語を我々の文字で表現する努力をせいぜい好きなだけするがよい」。ところで、地上でこれほど離れた僻地の諸民族を我々は何のために必要とするのだろう？　ヨーロッパにおける未開人のうちのわずかな生き残りであるエストニア人やラップランド人などは、ヒューロン人やペルシア人と同じように、半分しか分節されていないような、書き取ることのできない音の響きをもっている。ロシア人とポーランド人は、彼らの言語がいかに長いこと記されて文章語になっていても、いまだに気音をともなった発音をする。そのため、今なおその音声組織の真の音を文字で描ききることは不可能である。イギリス人は自分の音声を書き記すことにいかに苦しんでいることか。また、書かれた英語を理解する者が、どれだけ話すイギリス人だと言えるだろう？　咽の奥からあまり音を出さないフランス人も、口腔のより高い部分で、さながらより繊細な霊気《エーテル》によって話す半ばギリシア人であるイタリア人も、今なお生き生きとした音を維持している。その音声は、それらが作り出された器官の内部にとどまっているはずだ。描かれた文字となり、長期にわたる文字の使用が快適かつ一様であったとしても、それは常に影にすぎないのだ！

＃　ズュースミルヒの『人間の言語の起源は神的だという証明』〔手稿最終稿では、書名の末尾に「？」がついている〕ベルリン、一七六六年、二一頁。

それゆえ、事実は誤っており、結論はさらに間違っている。この推論は言語の神的起源ではなく、むしろまったく逆に動物的起源に行き着く。いわゆる最初の神的言語であり、世界の大部分がそこから文字を相続したヘブライ語を考えてみよ。最初の頃、それはあまりにも生き生きと鳴り響き、書き記すことが不可能だったため、ごく不完全な形でしか書き表すことができなかったが——このことを明らかに示すのは、その文法構造全体、似通った文字によるさまざまな混同、またとりわけ母音の完全な欠如である。文字は子音のみであって、まさに言葉の肝心な要素である母音はそもそもまったく書かれないなどという、この特殊性はどこから来ているのか？　非本質的なものを書き記し、本質的なものを省くこの記述法は、健全な理性の流れに逆行する。そのため、もし文法家たちが頭で理解することに慣れていたとしたら、彼らにとって理解不可能なものになったはずだ。我々のもとでの母音は、言語のうち最初のもの、最も生き生きとしたもの、言語というドアにとっての蝶番《ちょうつがい》である。だが、彼らのもとでは、母音は書き表されない——なぜか？——書き記すことが不可能だったからである。彼らの発音は非常に生き生きとしており、繊細に組織されていて、その息吹きは非常に霊に満ちており、エーテルのように霊妙だったため、その結果、香気が消えてしまい、文字という枠にはめることができなかったのである。これらの生き生きとした気息音は、ギリシア人たちのもとでようやくまぎれもない母音とつなぎ合わされることになった。ただ、これらにはまだ気息符などの助けが必要だった。オリエント人にとっての語りとは、彼らが描写豊かな詩作品の中でしばしば名づけているように、さながら気息符そのもの、流れゆく息吹き、または口《くち》の精神だったからである。彼らの耳が捉えたのは神の息であり、風そよぐ空気だったが、彼らが描きとどめたのは死した文字であり、それらは読むときに生きた精神によって魂を吹き込まれなくてはならない屍《しかばね》にすぎなかった。彼らの言語を理解する上でそのことがどれだけ大きな影響力をもっているか、ここはそのことについて述べる場ではない。だが、この風のそよぎが彼らの言語の起源をひそかに教えてくれているのは明らかだ。いまだ分節されていない自然の音以上に書き記し難いものなどあるだろうか？　また、言語が起源に近ければ近いほど未分節なのであれば—そこから導かれるのは以下の結論にほかならない。すなわち、言語とは高次の存在*19によって二四文字のために作られたのではなく、これらの文字は言語と同時に発明されたのでもなく、記憶のためにいくばくかの目標《めじるし》をつけようとするずっとのちになってからの不完全な試みにすぎず、言語とは神の文法の文字からできたのではなく、自由な器官の野生的な音の響きから成立したのである。#そうでなければ、奇妙なことになってしまう。神が文字から、また文字のために言語を発明し、文字を手助けにして最初の人間たちに言語を教えたはずなのに、まさにその文字がこの世で最も不完全きわまりないものだということになり、文字が言語の精神について語ったことは過去に一つもなかったし、文字はその構造全体によって言語について何一つ述べる気がない、とはっきり告白していることになってしまうのである——

［#　部分的にはまだ研究し尽くされていないこのテーマに関して最も優れた著作は、ヴァハターの『物と言葉の一致』コペンハーゲン、一七五二年〔ヨハン・ゲオルク・ヴァハター（Johann Georg Wachter）（一六七三—一七五七年）による *Naturae et scripturae concordia*〕である。これと、キルヒャー〔アタナージウス・キルヒャー（Athanasius Kircher）（一六〇一—八〇年）〕その他の夢想とは、古代史とメル

ヒェンほどの違いがある。」

この文字の仮説は、その価値からすると当然ほんの一瞥にしか値しなかったが、この仮説は一般に広まり、さまざまに美化されているので、私はその無根拠さを暴露し、その根拠のなさにおいて説明せざるをえなかった。少なくとも私はそうした説明を一つも聞いたことがない。我々の本筋に戻ることにしよう。

我々の自然の音は激情を表現するように定められているので、それらがあらゆる感動の要素にもなるのは当然のことだ！　ひきつり泣いて苦悶する人、ぜいぜい呻《うめ》いて死に瀕している人、あるいは、その機械[*20]全体で苦しんで呻き声をあげる家畜がいるとき、その〈あぁ〉という嘆息が心の中に浸み入らない者などいるだろうか？――誰がそんな無感覚な野蛮人でいられようか？　この感じやすい弦の調べは、動物の場合ですら、他の動物とその調べが調和しつつ織りなされていればいるほど、たとえ動物同士であっても、より深く共感し合う。彼らの神経は同じ張り具合いになり、その魂は同じ高さの音になり、彼らは実際に機械的に苦しみをともにすることになる。そうなると、人間は筋《すじ》をどれほど鍛えねばならないことか！――それに対して耳を塞《ふさ》ぎ、心を動かさないようにするには、どれほど強い力で感受性の開口部をすべて塞がねばならないことか！――　――ディドロ[#]は、盲目で生まれた者は目が見える者と比べると、苦しんでいる動物の嘆きに対して敏感でないはずだ、と述べている。ただし、ある場合は反対だと思う。この憐れな被造物《いきもの》が痙攣しているという胸を打つ光景は、当然ながら盲目な者にはことごとく覆い隠されている。ただし、あらゆる実例が語っているのは、まさにこの覆われていることによって、聴覚がさほど散漫にならず、傾聴がより可能になり、強く沈潜できるようになるということだ。そうして彼は、闇の中で、永遠の夜の静寂の中で耳を澄ませるのであり、そのぶん嘆きの音の一つ一つが切々として鋭く、まるで矢のように彼の心に届くのだ！　ここでさらに、ゆっくりと手で触れていく触覚を彼の手助けにしてみるがよい。さまざまな箇所の痙攣に触れさせ、苦しんでいる機械の損傷をしっかり感じ取らせてみるがよい。—恐怖の戦慄と苦痛が彼の身体を駆け抜ける。彼の内なる神経組織が損傷と破壊をともに感じる。死の音が鳴り響く。これこそが、この自然言語の絆なのだ！

［# 『眼の見える人〔…〕』のための盲人に関する書簡〔ドゥニ・ディドロ（一七一三―八四年）による *Lettre sur les aveugles à l'usage de ceux qui voyent*, Londres [e.i. Paris ?], 1749（邦訳『盲人書簡』吉村道夫・加藤美雄訳、岩波書店（岩波文庫）、一九四九年）のこと〕。］

至る所でヨーロッパ人たちは、教養を身につけたにもかかわらず、あるいは教養を身につけ損なった〈！〉にもかかわらず、未開人たちの生々しい嘆きの音にいたく心を動かされてきた。レリ[*21]がブラジルから語るところによれば、このアメリカ人たちの打ち解けた心からの愛情と人なつこい叫び声によって、彼の一行は涙が出るほど、大いに気持ちを和らげられたという。シャルルヴォワ[*22]や他の者たちは、北アメリカ人たちの戦いの歌や魔術の歌が引き起こす、ぞっとするような恐ろしい印象を十分には表現できずにいる。古代の詩歌や音楽がこの自然の音の響きによってどれほど生気を与えられていたか、それについて述べる機会がのちほどあるなら、例えばギリシア最古の歌、そして舞踏、また古代ギリシアの演劇、またそもそも音楽や踊りや詩歌があらゆる未開人たちに及ぼす影響をさらに哲学的に説明することができるようになるだろう。また、理性がしばしば感覚をその役目から追いやり、社会の人工的な言語が自然の音の響きをお払い箱にしてしまうということが当たり前に起きている我々のもとであっても、雄弁というきわめて激しい雷鳴や、文芸術というきわめて力強い打撃や、身振りという魔術的瞬間が、この自然の言語に模倣を通して近づくということがいまだによくあるのではないだろうか？　そのとき、集まった群衆の中で奇蹟を行い、心をえぐり貫き、人々を根本的に変えるものは何だろうか？――精神的な語りや形而上学だろうか？比喩や文彩《あや》だろうか？　技巧や冷静な信念だろうか？　この陶酔は盲目的《やみくも》であってはならないというのであれば、それらによって多くのことが起こるはずだが、それですべてだろうか？　また、まさにこの盲目的陶酔の最高の瞬間、それは何によって生じたのか？――まったく別の力によってだ！――これらの音の響き、これらの身振り、あの旋律の素朴な歩み、この唐突な転換、この夢うつつな声――これ以上、何がわかるというのか？　これらのものは、子供たちのもとでは、また感覚的な群衆のもとでは、女たちのもとでは、繊細な感情をもつ人々のもとでは、病人、孤独な人、ふさぎ込んだ人々のもとでは、真理そのもののか細く弱い音が天から響いてくるときよりはるかに強く作用する。これらの文言、この音の響き、この身の毛もよだつほど恐ろしい物語詩《ロマンツェ》の転回などが、それらを我々が初めて耳にした幼少時代に、戦慄、荘厳、驚愕、恐怖、歓喜といった連想概念のさまざまをどれほど大量にともなって魂の中に入り込んできたかわからない――その言葉が響いてくる。すると、亡霊の群れのように、それらの概念は暗き威厳を身にまとって魂の墓穴からいちどきに起き上がってくる。それによって、こうした連想概念はそれらがないところでしか把握できなかったような、言葉の純粋で明瞭な概念を不明瞭にしてしまう――その言葉が消え去っていく。すると、感覚の音が鳴り響く。暗い感情が我々を圧倒し、浅はかな者はぞっとして身震いする――思考内容にではなく、音節ゆえ、子供時代の音の響きゆえであり、我々を再び子供に返らせるのは、語り手や詩人のもつ魔法の力だった。熟慮ではなく、熟考でもない、単なる自然法則がその根底にあった。「感覚の音は、共鳴する被造物の身をその同じ音に置かせるためのものだ！」

したがって、感覚のこの直接的な音声を言語と名づけようとするのであれば、私はその起源を当然ながらごく自然なものだと思う。それは単に超人間的ではないというだけでなく、明らかに動物的なものだ。感覚を働かせる機械の自然法則なのである。

しかし、私が驚きの念を禁じえないのは、哲学者たちが、つまり明確な概念を探し求めるはずの人々が、この感性の叫びから人間の言語の起源を説明するという考えに及んだこと

だ。そもそも人間の言語は明らかにまったく別のものではないだろうか？　もの言わぬ魚を除けば、あらゆる動物が自分の感覚を音で鳴り響かせている。とはいえ、動物のうち最も完全なものですら、人間の言語の本来の兆《きざ》しを少しも有してはいない。動物の叫びを好きなように成形し、洗練させ、組織化してみよ。この音を悟性が意図的に用いるに至らない場合、先の自然法則に基づく人間の恣意的な言語がいったいどのように生じるのか、私にはわからない。子供たちは、動物のように感覚の音の響きを口から発する。だが、彼らが人間から学ぶ言語は、それとはまったく別の言語ではないだろうか？

修道院長コンディヤックは、[#*23] そうした哲学者たちの一人である。彼の著作の一頁目が始まる前に言語全体がすでに発明されたことが前提されてしまっているし、あるいは、形成しつつある言語の秩序においてはまったく起こりえない事柄がどの頁にも見つかってしまう。彼は自分の仮説の基盤として、「何らかの記号《しるし》の使い方を知る以前の子供二人を砂漠に」置く。なぜ彼はここでそんなものを想定するのだろう。そんなことをしたら死んでしまうか動物になるほかないような「子供二人を」、彼らの生命の維持や言語の発明が困難の度合いをいっそう増してしまうような「砂漠に」、そうした記号を生後何週間も知らずにいる乳呑み児などいないような「自然な記号を一つでも使えるようになる以前に、また、そうした記号に関するあらゆる知識以前に」などと——それにしても、なぜ人間の知識の自然な進展を跡づけるべき仮説にそうした不自然で矛盾したデータが基盤として想定されなくてはならないのか。著者はわかっているのだろうけれども。しかし、言語の起源の説明がそうしたデータに基づくことはない、ということを私はあえて証明しようと思う。コンディヤックが想定する二人の子供が記号に関する何の知識もなしに出会う。すると―見よ！　その最初の瞬間（§2）に彼らはもう互いにやりとりできる状態にある。そして、もっぱらこの双方のやりとりによって、初めて彼らは「感覚の叫びと、この自然な記号によって表されている思考内容とを結びつけること」を学ぶ。感覚の自然な記号をやりとりによって学ぶだって？　どのような思考内容をそれと結びつけるべきかを学ぶだって？　おまけに、出会った最初の瞬間にすぐ、最も無知な動物でも知っているようなことについての知識をもつ以前にやりとりするだって？　いかなる思考内容が特定の記号と結びつけられるべきかを学べるだって？―そんなことは私には何一つ理解できない。「同じような状況が繰り返しあることで（§3）、彼らは感覚の音の響きと、あるいは身体によるさまざまな記号と思考内容を結びつけることに慣れる。すると彼らの記憶力は活動をし始める。もう彼らは自分たちの想像力を意のままにすることができ、もう―彼らが以前は本能を通してしか行っていなかったことを、反省を手段として行うことができるようになる」（とはいえ、いましがた見たとおり、やりとり以前の彼らはなす術を知らなかっただろうが）。―これについても私は何一つ理解できない。「これらの記号の使用は、魂の活動を拡大し（§4）、そしてこれが記号を完全なものにしていく。したがって、魂の諸力を発展させたのは（§5）感覚の叫びだったのだ。観念を恣意的な記号と結びつける習慣を彼らに与えたのは感覚の叫びであり、自分たちのために新たな言語を作り、新たな音の響きを分節し、事物を名称で表すことに慣れる際の手本になったのは感覚の叫びだったのだ」。―これらの繰り返しすべてを何度繰り返してみても、私はそれらについて何一つ理解できない。結局のところ、この著者は、この稚拙な言語の起源に基づいて古い諸言語の音韻論や朗誦や音楽や舞踏や詩歌を説明し、我々の目的にはまったく関係がない注釈をつけてたっぷり講じたあと、最後になって本筋に戻ってくる。「人間たちがどのようにして最初の言葉の意味について相互に一致したのかを理解するため（§80）には、誰もが同一の観念とそれらを結びつけざるをえない、そうした場合にこれらの言葉を発音した、ということに留意すれば、それで十分である〔…〕」。要するに、言葉が存在するより先に言葉がそこにあったので言葉が成立したと言うのだ―思うに、我々の解説者であるコンディヤックの筋道をこれ以上たどっても無駄だろう。というのも、それは―どこにもつながっていないからだ。

＃『人間認識起源論』第二巻（邦訳『人間認識起源論』（全二冊）、古茂田宏訳、岩波書店（岩波文庫）、一九九四年）。

周知のとおり、コンディヤックの言語の成立に関する空疎な説明は、ルソー[＃＊24]が今世紀に彼なりのやり方でその説明を疑うことでこの問題に弾《はず》みを与えるきっかけを作った。コンディヤックの説明に疑問を抱くには、必ずしもルソーである必要はなかった。とはいえ、言語の発明のあらゆる人間的な可能性をただちに否定するには―ルソーがそなえもつ威勢とか飛躍といったものが、当然ながら必要だった。コンディヤックがこの事柄を説明するのが下手だったからといって、それはまったく説明できないものだと言えるだろうか？　感覚の音の響きからは決して人間の言語は生じないからといって、それが他のどこからも生じえなかったという結論になるだろうか？

［＃『人間の不平等に関する〔…〕』第一部（邦訳『人間不平等起源論』坂倉裕治訳、講談社（講談社学術文庫）、二〇一六年）。］

ルソーを誤った方向に導いたのが、事実この隠された見せかけの結論にすぎないということは、もし万が一にも言語が人間的に成立したというのなら、どのようにしてそれは成立せざるをえなかったのか、という彼自身による構想から明らかである。彼の前任者であるコンディヤックと同じく、彼も自然の叫びから始め、そこから人間の言語が生じると言う。そこから言語がどのように生じたのかなど、私にはさっぱりわからないし、ルソーほどの明敏な者が言語をたとえ一瞬でもそこから生じさせえたということを訝《いぶか》しく思う。

［＃　同書。］

モーペルテュイの[25]小著は私の手許にはない。しかし、誠実さと正確さが少なからぬ功績だった、ある人#による抜粋を信頼してよいなら、モーペルテュイもまた言語の起源を動物的な音から分離させてしまい、前者〔ルソー〕と同じ道をたどっている。

［#　ズュースミルヒ『神的であることの証明〔…〕』補遺三、一一〇頁。］

これに加えてディオドロス*26とウィトルウィウスは、*27言語の人間起源を導き出すというよりもむしろ信じ込んでおり、最終的にはこの事柄をこの上なく明白に台なしにした。彼らは、まず人間をしばらく動物にして、叫び声とともに森をさまよわせておき、あとになって、どこからで何のためかは神のみぞ知る！であるが、人間に言語を発明させるからである――しかしまた、人間的な言語生成を擁護する者の多くがひどく不確かな場で論争しており、他の者たち、例えばズュースミルヒなどは、さまざまな根拠をもってその場を制圧しようとした。そのためアカデミーは、まだ完全には答えが出ないままであり、かつての会員のあいだですら意見が分かれているこの問いについて、その論争を終わらせることを望むに至った。

それにまた、この大きなテーマは、人類の心理や自然な秩序への展望や、言語あるいは言語とともに発明されるあらゆる知識の哲学への展望を非常に多く期待させるものであるから――ここでみずからの力を試そうと思わない者など、はたしているだろうか？

それにまた、人間は我々にとって、我々が知る唯一の言語被造物であり、まさに言語によってあらゆる動物から区別されているのだから、その調査を動物と人間の相違に関するさまざまな知識経験から始めること以上に確実な道があるだろうか?――コンディヤックやルソーが言語の起源について判断を誤らざるをえなかったのは、よく知られているように彼らがそれぞれこの相違に関して過ちを犯したからだった。前者#は動物を人間にしてしまい、後者##は人間を動物にしてしまったのである。したがって、私はもう少し前に遡って論じなければならない。

『動物論』〔コンディヤックの *Traité sur les animaux*, Amsterdam, 1755(邦訳『動物論――デカルトとビュフォン氏の見解に関する批判的考察を踏まえた、動物の基本的諸能力を解明する試み』古茂田宏訳、法政大学出版局(叢書・ウニベルシタス)、二〇一一年)のこと〕。
[## 『〔…〕不平等起源論』。]

人間が本能の強さと確実さという点では動物たちよりはるかに劣っているということ、我々がかなり多くの種類の動物に関して生まれつきの技能や技能の衝動と呼んでいるものを人間はまったくもっていないということ、それは確実なこととされている。ただ、この技能#*28の衝動の説明には、たいていの哲学者や、特に最近ではドイツのある徹底的な哲学者まで失敗しているし、同じように、人間の特性においてこの技能の衝動が欠乏している真の原因が明らかにされることもなかった。思うに、完全な説明ではないにせよ、少なくとも動物の本性に関する見解になりうる主要な観点が見誤られてしまったのだろう。こうした見解が人間の心理学を大いに啓発してくれるということは別の場所で述べようと思うが、その観点とは動物の生活領域のことである。

＃ライマールスの動物の技能の衝動［については、『最新の文学に関する書簡〔…〕』〔実際には省略箇所はない〕のそれ］に関する諸論考［を参照されたい］。

どんな動物にも自分の領域というものがある。生まれたときからそこに属し、生後すぐその領域に入って、その中で一生を送り、そして死んでいく。しかし奇妙なのは、動物の諸感覚が鋭ければ鋭いほど、また彼らの技による作品が素晴らしければ素晴らしいほど、彼らの領域は小さく、彼らの技による作品は一様であるということだ。この事情を追跡してみたところ、至る所で彼らの運動や要素や食物や維持や交尾や成育や社会の広がりの少なさ、また、彼らの衝動やさまざまな技のあいだに見られる反比例が見事なまでに観察される。巣箱の中のミツバチは、エゲリアが王ヌマに教えることができなかったほどの知恵[*29]で巣を築く。しかし、これらの房の外や、この房の中での自分に定められたとおりの仕事以外では、ミツバチは無能である。クモはミネルヴァの巧みさ[*30]で巣を張る。しかし、その技のすべてもまた、この狭い織物の空間の中に織り込まれてしまっている。それがクモの世界なのだ。昆虫とはいかに驚くべき存在であることか、また、その作用する範囲のいかに狭いことか！

逆のこともある。動物たちの活動または使命が多様であればあるほど、彼らの注意力が多くの対象物に分散していればいるほど、彼らの生活様式が安定していなければいないほど、要するに彼らの領域が大きく多様であればあるほど、彼らの感性が分散され弱まっていること、彼らの衝動が分散され弱まっていること、彼らの技が分散され弱まっていることに我々は気づく。[*31] この生けるものの鎖を貫く大いなる連関について、ここでは例証によって確認するつもりはない。各人に吟味を委ねるか、別の機会に譲り、私は続けて推論していくことにする。

あらゆる蓋然性や類推に従えば、それゆえあらゆる技能の衝動や技能の能力は、その動物たちがもつさまざまな表象力から説明されうる。盲目的な決定要素などを仮定するには及ばない（ライマールスでさえなお仮定し、それがあらゆる哲学を荒廃させた）。果てしなく繊細な感覚諸器官が一つの小さな範囲《サークル》に、ある一つの単調さに閉じ込められ、それらにとって他の世界すべてが無に等しいようなとき、いかにそれらは鋭敏にならざるをえないことか！表象能力がある一つの小さな範囲に閉じ込められ、類似した感性が賦与されているようなとき、それらは何を成し遂げざるをえないことか！　そして最後に、感覚諸器官と表象能力がただ一つの点だけに向けられているようなとき、本能がそこから生じる以外、何がありうるだろうか？　こうして感覚器官と表象能力から、動物たちの感覚性、諸能力や衝動が、彼らの種類や段階に応じて明らかになる。

したがって、私は次の命題を仮定してもよいだろう。動物たちの感覚性、諸々の能力、そして技能への衝動、これらの強さと集中力は、動物たちが活動する範囲の大きさと多様性に反比例して増していく。だが――

たった一つの仕事だけが待っているような単調で狭い生活範囲は人間にはない。――さまざまな仕事や使命のある世界が人間を取り巻いている。――

人間の感覚器官と組織は、ただ一つのものに対してだけ鋭敏にされているわけではない。人間はあらゆるものに対する感覚諸器官をもっており、したがって当然のことながら、個々のものに対しては、それだけ弱くて鈍《にぶ》った感覚しかもっていない――

人間の魂の力は世界にあまねく拡げられている。その表象力には、ただ一つのものだけに向けられた方向というものはない。そのため、技能衝動もなく、完成された技能もなく――そうして一つだけ、この問題とさらに密接に関連するのは、動物語はないということである。

前に挙げた、ものを感じ取る機械の発声能力のほか、いくつかの種属に関して我々が動物語と名づけているものは、私が書き連ねてきた見解の結果以外の何であろうか。［それは、ある動物の種属が互いに交わす、彼らの活動範囲の中でのさまざまな使命に関する暗く感性的な合意である。］

つまり、動物たちの生活範囲が小さければ小さいほど、彼らには言語は必要なくなる。彼らの感覚諸器官が鋭敏であればあるほど、彼らの表象が一つのものに向けられていればいるほど、彼らの衝動が激しければ激しいほど、彼らの音の響き、記号、表出についてなされうる同意はそれだけ縮合されたものとなる。そこで声に発したり聴き取ったりするのは、生き生きとしたメカニズム、支配的な本能である。[*32]――［聴き取られるためには、話すのは何とわずかで済むことか！］きわめて狭い領域の動物たちには、したがって聴覚すらない。彼らは自分たちの世界に対して、触覚そのもの、あるいは嗅覚そのもの、そして視覚そのものである。まったく単調な形象、まったく単調な動向、まったく単調な仕事だ。したがって、彼らはほとんど言語をもっていないか、まったくもっていない。

しかし、動物たちの生活範囲が大きければ大きいほど、彼らの感覚器官がそれぞれ異なっていればいるほど――いや、何を繰り返すべきことがあろうか？　人間［の登場］とともに舞台は一変する。人間の活動範囲にとっては、それがどんなに貧弱な状況である場合だとしても、最も多弁で最も多様に音を発している動物の言語がいったい何になるというのか？　人間の分散した欲望にとって、その分割された注意力にとって、そのぼんやりとしか感じ取れない感覚諸器官にとって、あらゆる動物の暗い言語ですら何になるというのか？　それは人間にとって豊かではなく、明瞭でもないし、さまざまな対象物に関して十分ではなく、諸器官にとっても――したがって、まったく人間の言語ではない。我々が言葉を玩《もてあそ》びたいのでなければ、ある被造物に特有の言語とは、その欲求や仕事の生活範囲に、その感覚器官の組織に、その表象の方向に、その欲望の強さにふさわしい言語以外の何だというのだろうか――いったい、動物語のうちどれが人間のためにそのようなものであろうか？

しかしながら、次の問いも不要である。動物のどの種属でも自分の生活範囲の中でそれに合わせて言語をもっているような仕方で、どの言語を（前に述べたような機械的な言語のほかに）人間は本能にふさわしくもっているのか？――その答えは短い。皆無！　だが、この短い答えこそが決定的なのだ。

我々がすでに見たように、どの動物の場合でも、その言語は衝動となるくらい非常に強い感性的表象の現れである。したがって、言語は感覚器官や表象や衝動と同じく生まれつきのものであり、その動物にとって直接的にごく自然なものである。ミツバチは蜜を吸うのと同じようにブンブン言う。鳥は巣作りをするのと同じように歌う――だが、どうやって人間は生まれながらに話すのか？　まったく話さない！　これは人間が動物として完全なる本能によってはわずかなことしか、あるいは何もしないのと同様である。生まれたばかりの子供から感覚的な機械の叫びを取り除いてみよう。すると、その子は口をきくことをしない。動物がそれぞれの仕方でするように、いろいろな音を通して表象や衝動も表すことを、その子はしない。したがって、動物のあいだに置かれるなら、その子は自然から最も見捨てられた孤児ということになる。裸で、むきだしで、弱く、貧相で、臆病で、無防備。その悲惨さをまとめて言えば、生きるためのいっさいの導き手が奪われているということだ。――これほどに分散されて弱められた感性しかなく、これほどに定かでない眠ったままの能力しかなく、これほどに分割され衰弱した衝動しかない状態で生まれ、明らかに幾千もの欲求をもつようにされ、大きな活動範囲に定められ――にもかかわらず、これほどに寄る辺なく置き去りにされ、その結果、みずからの欠乏を表す言語に恵まれていないとは――いや！　そのような矛盾は、自然の経済性ではない。本能の代わりに他の隠された力が、その子の内部に眠っているに違いない！　口がきけない状態で生まれたが、しかし――

第二章

とはいえ、飛躍はしないでおこう。私は人間に新しい力を、すなわち言語創造能力を恣意的な潜在的性質〔qualitas occulta〕として、すぐ唐突に与えたりはしない。前述した欠陥や不足の中をさらに探求し続けるだけだ。

欠陥や不足は人間という種属の特徴ではありえない。さもなければ、自然はどの昆虫に対しても最高に愛情深い母親だったのに、人間に対しては苛酷きわまりない継母だったことになる。どの昆虫にも自然は必要なものを必要なだけ豊かに与えた。感覚諸器官は表象する力となり、表象する力は衝動になった。器官はその昆虫が必要とするぶんの言語になり、そしてまたこの言語を理解するための器官になった。人間の場合は、あらゆるものがきわめて不均衡《アンバランス》な状態にある——感覚と欲求のあいだで、さまざまな力と彼を待ち受けている活動領域のあいだで、諸器官と彼の言語のあいだで——つまり我々には、これほどに離れた二項のあいだの比例を算出するような、ある種の中間項が欠けているに違いない。

それさえ見つかれば、自然のあらゆる類推に従って、この欠如の埋め合わせこそが彼の特性、彼の種属の特徴ということになり、この発見されたものを、人間が人間たるところのもの、すなわち動物たちにとっての本能と同じように本質的である人間の天賦の資質として認めるよう、あらゆる理性と公正性が要求するだろう。

また、まさにこの特徴の中で、かの欠如の原因を見出し、まさにその欠如のただなかに、すなわち技能衝動に関するかの甚大なる困窮という空洞の中に、その補充への萌芽が見つかるならば、この合致は、人間の真の方向性がここにあり、多かれ少なかれという段階においてではなく本性において人間が動物を超えていることの発生学的な証明になることだろう。そして、動物の本能の中に動物各種のための言語への直接的基盤を見出したのと同じように、この新たに見出された人間性の特徴の中に、この新種の被造物のための言語が成立するのに必要な発生学的基盤まで見つかるなら、我々は目標に完全に到達していることになる。その場合、言語は人間にとって本質的なものになるだろう――人間が人間であるのと同様に。見てのとおり、私は恣意的な、あるいは社会的な諸力によってではなく、一般に動物的な経済性から論を展開している。

ここで結論として導き出されるのは次のことだ。[*33] 地上の小さな場所のための、あるいは仕事や世界の広がりを享受するためのさまざまな感覚器官を人間がもっていて、それがこの広がりの中で暮らしている動物の感覚諸器官に鋭敏さの点で劣るとしても、実にそのためにその感覚器官は自由という長所を得る。ただ一点のためだけのものではないので、それらは世

界に対してより普遍的な感覚である。

ミツバチの蜜房やクモの巣を作ることだけに制限されていないさまざまな表象力を人間がもっていて、その範囲の中では動物の技能の能力に劣るとしても、まさにそのことによって、その表象力はより広い展望を得る。人間には改善の余地がないほど完璧に作れる作品が何一つない。しかし、人間には多くのことに関して鍛錬したり、みずからをたゆみなく改善したりするための自由な空間がある。思考内容はどれも自然による直接的な産物ではないが、まさにそのことによって、それは人間自身の所産になる。

それによって、感覚器官の組織や表象力の範囲の結果にすぎず、盲目的《やみくも》な決定ではない本能が脱落せざるをえないとしても、まさにそのことによって人間は、より多くの明るさを得る。人間はただ一つの点へと盲目的に倒れ込んだり、盲目的に倒れたままになったりすることはないので、自由に動ける状態になり、鏡像を映し出す領域を探し求めることができ、自分の内部に自分の姿を映し出すことができるようになる。もはや自然の手の中にある完全無欠の機械ではなく、人間は自分自身が加工作業の目的にして目標となる。

これらの力の素質全体を、悟性、理性、深慮、等々と好きなように名づければよい。これらの名称が、分離した力として、あるいは動物的な力のうち、ただ段階が上がっただけのものとして想定されるのでなければ、私は構わない。それは人間のもつあらゆる力の仕組み全体であり、その感性的な認識する本性の、すなわち人間が認識し意欲するという本性の働き全体である。あるいはむしろ――それは、身体の特定の器官と結びついた、動物に関しては技能の能力となる力で、人間に関しては理性という思考の唯一の能動的な力である。こうした力は、人間では自由と呼ばれ、動物では本能となる。この違いは、段階にあるのではなく、あるいはさまざまな力の追加でもなく、あらゆる力のまったく異なる種類の方向性と展開にある。ライプニッツ派またはロック派の哲学者であれ、サーチ[*34]またはノゥオール[*35]であれ、[#]観念論者または唯物論者であれ、これらの語句に関して互いに了解するなら、前述の内容の結果として次のことを認めざるをえない。それは人間性に独自の性格であり、他のどこにもありえない。

[#　最近のある形而上学的著作で好まれている分類。サーチの『自然の光を追い求めて』ロンドン、一七六八年。]

これに難癖をつけた者は皆、誤った観念と雑然とした概念に欺《あざむ》かれた。人々は人間の理性を、魂の中に入ってきた新しく、まったく切り離された力だと考えた。あらゆる動物に優先する追加物として理性が人間のものになったとし、それゆえ梯子の下三段のあとの四段目のように、それだけ別に考察されなければならないとした。だが、いかに偉大な哲学者たちがそのように言おうが、当然ながら哲学的無意味《ナンセンス》である。我々や動物の魂がもつあらゆる力は、形而上学的な抽象化ないし作用以外の何ものでもない！　それらの力が分割されるのは、我々の弱い精神ではそれらをまとめて考察できなかったからである。それらが章立てになっているのは、自然においてそれらが章のように区切られて作用していたからではなく、そうすれば見習い段階の者が自分の中でいちばんわかりやすく説明できると思われるからだ。例えば、才智、鋭い洞察力、想像力、理性など、人間の魂の力の作用の中で特定のものを特定の主要名称のもとに我々は統一してきたが、それは機知や理性がそれだけで作用するようなところでは精神の行為がただ一つだけ可能だということではなく、ただ、この行為によって、我々が才智や理性と名づけるような抽象化、例えば観念の比較や明確化などを最も多く発見できるからだ。だが、至る所で作用しているのは、この分割化されていない完全なる魂である。ある人間が何らかの行為をし、その際すっかり動物のように考えるとしたら、彼は断じてもう人間ではなく、人間的な行為をする能力はもはやなくなってしまう。彼に理性がまったくない瞬間が一度でもあったなら、生きているあいだに理性を用いて考えられるようになるとは思えない。だとすれば、彼の魂全体が、彼の本性の経済性全体が変化させられたのだ。

さらに正確な概念によれば、人間という種属の特徴である、理性を基準にしようとする性質は、やや別のものである。すなわち、それは感性と衝動の関係における思考力の全体的な規定である。そうすると、これまでのあらゆる類比を援用するなら、それは次のようでしかありえなかった。すなわち——

人間が動物たちの衝動をもっているとしたら、人間の内部に今我々が理性と名づけているものはもてないだろう。というのは、まさにその衝動が人間のもつ諸力を暗くただ一点にむりやり向け、人間にとって自由な意識の領域がなくなってしまうからである。きっと次のようであったに違いない。すなわち―

人間が動物たちの感覚器官をもっているとしたら、人間は理性をもっていなかっただろう。というのは、まさにこの感性の強い敏感さが、まさにそれを通して激しく押し寄せてくるさまざまな表象が、あらゆる冷静な思慮深さ《ベゾンネンハイト》*36を窒息させてしまったに違いないからである。だが、逆にそれは経済性を司る自然の、まさにこの結合法則に従えば、次のようであったに違いない。すなわち―

動物的感性とただ一点のみに絞られた閉鎖性とがなくなると、そのようにして、ある別の被造物が生じた。その被造物の能動的な力は、より大きな空間において、より繊細な組織に従って、より明快に現れる。その被造物は、切り離された自由な状態でただ単純に認識したり、意欲をもったり、作用したりするのではなく、認識し、意欲をもち、作用していることを自分で知っている。この被造物こそが人間であり、我々はその本性の素質全体のことを、理性の固有の力やその他のものとの混同を避けるために思慮深さと名づけることにしたい。感性や本能、表象力や理性といった言葉はすべて、さまざまな対立を相殺するような唯一の力の規定でしかないので、そうなると、まさにこの結合規則に従えば、以下のような結果になる。すなわち―

人間が本能に従う動物でいられない運命にあるというのなら、人間の魂のよりいっそう自由に作用する能動的な力のおかげで、人間は深く思いをめぐらせる被造物〔いきもの〕であらざるをえなかった。――私がこれらの推論の鎖をあと数歩ぶん、さらにたぐり寄せるなら、それによって私は将来起こりうる異論に対して優位に立ち、道を大幅に縮めるような先手を打てるだろう。

すなわち、理性が分け隔てられて個別に作用する力ではなく、あらゆる力に関する種属固有の方向だとすれば、人間は自分が人間である最初の状態においてそれをもっているはずである。例えば昆虫の場合、昆虫が〔最初から〕昆虫だったように、子供の最初の思考においてこの思慮深さが現れているはずだ。――今までこのことを理解できなかった著述家は一人にとどまらない。また、それゆえ私が取り上げている題材は、きわめて粗野で吐き気を催すことはなはだしい異論で溢れかえっている――だが、彼らには理解できなかった。誤解していたからである。理性的に考えるということが、完成しきった理性を用いて考えるということになるだろうか？　乳呑み児が思慮深さによって考えるということが、講壇上の詭弁家や閣議室の政治家のように乳呑み児が理屈をこねまわすことになるだろうか？　この子がこれらのうんざりするような雑然たる屁理屈を何一つ知らないというのは、この上なく幸せなことだ！　しかし、このような異論は、魂の諸力のある特定の使用、多かれ少なかれ完成された使用を否定するだけで、魂の力の能動性そのものはまったく否定していないのに、いったいそれがわからないのか？　また、どこの愚か者が主張するというのか、人間は人生の最初の瞬間にも長年の活動を経たあとと同じように考えるものだ、などと。もっとも、魂のあらゆる力の成長も同時に否定し、まさにそれによって本人が自分は未熟者だと告白するのなら話は別だが?——こうした成長は、やはり現実世界では、より容易で、より強く、より多様な使用以外の何ものも意味しないのに、必要とされるものがそこに存在する状態でなくていいのだろうか? そこで成長することになっているものが、萌芽として存在しなくていいのだろうか? だとすると、萌芽の中に樹木の全体が含まれているわけではないことになってしまうが。子供は怪鳥グリフィンのような鉤爪《かぎづめ》もライオンのたてがみももっていないのと同じように、グリフィンやライオンのように思考することはできない。だが、もし子供が人間的に考えるのであれば、思慮深さ、すなわちその子供のもつあらゆる力を本質的な方向へと節制すること、それが最初の瞬間からその子供の運命となる。最後の瞬間にもそうであるように。理性は子供の感性のあいだからでもすでに明らかに現実的に現れているので、この魂を創造した全知者たる神は、最初の状態においてすでに人生の展開という織物全体を見そなわしていたことになる。例えば、幾何学者が与えられた等級に従って級数の一つの項からその関係全体を見出すようなものである。

「しかし、それでもやはり、この時点の理性は、現実的な力というより、むしろ理性能力(reflexion en puissance)[*37]だったのではないか」。この例外は一言も語らない。単なるむきだしの能力など、障害が立ちはだかっていなければ、力ではなく能力にすぎない、うつろな響きでしかない。それは形作ることはしてもそれ自体は形姿ではない造形用の型のようなものだ。その能力にともなって、一つの傾向に向かう能動性がわずかでも存在しなければ、そこには何も存在しない——そうなれば、その言葉は、その学派による抽象化にすぎない。この理性能力〔reflection en puissance〕なる似非《えせ》概念を、非常に幻惑的なものにした近年のフランスの哲学者#は、これから見るように、いつも一つの気泡を幻惑的にしていただけである。それを彼はしばらくのあいだ追いかけていくのだが、思いがけず道の途中で弾《はじ》け散ってしまう。また、その能力の中に何も存在しないのであれば、それは何によって魂の中に入ってくるのだろうか？　最初の状態において、理性の能動的なものが魂の中に存在しないというのなら、それに続く何百万の状態において、どうしたらそれが現実的になるというのか？　使用することが、能力を力に、ただの可能性にすぎない何かを現実のものに変えることができる、などというのは言葉の欺瞞である。力がそこにないのであれば、それが使用されることはありえないし、適用されることもありえない。おまけに最後に言えば、魂の中で切り離されている理性能力と理性の力、この二つのものとは何なのか？　一つは不可解だし、もう一つも同じように不可解である。人間をあるがままの存在として、その感性と組織の程度をそのままにして、万有のただなかに立たせてみよ。あらゆる側面から、あらゆる感覚器官を通して、万有が感覚の奔流となって、その人間に向かって押し寄せてきている。人間の感覚器官を通してであれば？　人間的なやり方であれば？　すると、動物と比べて、この考える存在は氾濫の中でもそれほど溢れかえらずに済むのだろうか？　この存在のほうがもっと自由に自分の力を発揮する空間をもっており、その関係のことを、理性を基準にしようとする性質と呼んでいるのだが——ここで、単なる能力などどこにあるのか？　切り離された理性の力などどこにあるのか？　このような資質の中で作用するのは魂の唯一の能動的な力であり

—感性的であればあるほど、理性的ではなくなる。理性的であればあるほど、活気はなくなり、明るければ明るいほど、暗さが減る—そんなことはどれも自明だろう！　とはいえ、人間は最も感性的な状態だったときでも、なお人間的であり、したがって人間の内部ではやはり思慮深さが作用していた。ただし、あまり目立たない程度ではあったけれども。また、動物たちは最も感性的ではない状態だったときでも、なお動物的であり、したがって彼らの思考がいかに明晰であろうと、人間的な概念である思慮深さは作用していなかった。もうこれ以上の言葉遊びはやめにしよう！—

［＃　ルソー『不平等に関する〔…〕』。］

ただの概念を規定して整理することだけのために、これほど多くの時間を失ってしまったのは残念なことである。しかしながら、この損失は必要だった。心理学のこの分野全体が、最近ではあまりにも無残に荒廃した様相を呈したままだからだ。フランスの哲学者たちは、動物と人間の本性において特異と見られる現象に関して、あらゆることを上下関係なく混ぜこぜに投げちらかしているし、ドイツの哲学者たちはこの種の概念のほとんどについて、通常の思考方法の視点における混乱を避けるため、その概念に即するよりも、自分たちの体系のために自分たちの視点に即して整理している。私は、この概念の整頓のために回り道をしたのではない。そうではなく、我々は一気に目標に達しているのだ！　すなわち。

人間は、その固有の思慮深さという状態に置かれ、この思慮深さ（反省機能）を初めて自由に働かせて、言語を発明した。いったい、反省機能とは何だろうか？　言語とは何だろうか？

この思慮深さとは、人間にとって特徴として固有のものであり、人間という種属にとって本質的なものである。したがって、言語も、自力による言語の発明も、また同様である。したがって、人間が人間であるのと同じように、言語の発明も人間にとっては自然なことなのだ！　両方の概念をともかく展開してみよう！　反省機能と言語を［―］

人間が反省機能を発揮するのは、人間の魂の力が自由に活動しているときであり、その結果、感覚器官をくまなく貫いて轟音とともに波打つ感覚という大海原で、もしこう言ってよければ、ただ一つの波を人間の魂が切り離して停止させ、それに注意を向けて、注意をそれに向けていることを自覚できるときである。人間が反省機能を発揮するのは、自分の感覚器官に触れては通り過ぎていく、漂《ただよ》うがごとき形象の数々という夢全体の中から、目覚めの一瞬へと己《おのれ》を集中させ、ただ一つの形象のもとに自由意志で立ち止まって、より落ち着いて明瞭に注意を払い、これがその対象であって他の何ものでもないというような、目印《メルクマール》[*38]を区別できるときである。したがって、人間が反省機能を発揮するのは、すべての特性を生き生きと、あるいは冴え冴えと、ただ単にわかるだけのときではなく、一つ、あるいはいくつも

〔の特性〕を〔他から〕区別できるような特性として自分で認知できるときである。この認知という最初の#行為が明確な概念を授ける。これこそが魂のまさに最初の判断であり—そして—

〔# 魂の形而上学からはめったに説明されることがない！　そうした統覚の本質を明らかにしているきわめて優れた論文の一つは、一七六四年のベルリン・アカデミー叢書の中のものである〔ズルツァー（第一部・訳注＊56参照）による「知覚とそれがわれわれに及ぼす影響について (Sur l'apperception, et son influence sur nos jugements)」（一七六四年）(*Histoire de l'Académie Royale des Sciences et des Belles-Lettres de Berlin*, Berlin, 1766, S. 415ff.) のこと〕。〕

何によってこの認知は起こったのか？　目印によってである。これは、人間が区別せざるをえなかったもの、深慮の目印として明確に人間の中に入ってきたものだ。さあ！　人間に「我、見つけたり〔ευρηκα〕」と大きな声で言わせようではないか！　深慮による、このまさに最初の目印は魂の言葉だった！　それと同時に人間の言語が発明されたのである。

かの小羊に[39]、形象《イメージ》として人間の目の前を通らせてみよう。人間にとって〔の小羊〕は、他のどの動物にとって〔の小羊〕とも違う。飢えて嗅ぎまわっているオオカミにとってのようではない！　血を啜《すす》り舐めるライオンにとってのようではない—彼らは嗅ぎまわり、内心すでに味わっているのだ！　感性が圧倒的だ！　本能が小羊に襲いかからせるのだ！—発情期の雄羊にとってのようでもない。彼は小羊を享楽の対象としてしか感じず、またもや感性が圧倒的で、本能が小羊に襲いかからせる。また、小羊のことを別に何とも思っていないような、つまり、本能が他の方向に向かせているために小羊を明らかに不明瞭なまま通り過ぎさせてしまうような、いかなる動物にとってのようでもない。―人間にとっては違う！　彼はその小羊と知り合いになりたいという欲求をすぐさま抱く。そのとき、いかなる本能も人間を妨げたりはしない。そのとき、いかなる感覚器官もむりやり彼をそこに近づけたり、また、そこから引き離したりすることはない。小羊は人間の感覚器官に現れているそのままの姿でそこにいる。白く、おとなしく、もこもこして―深く思いをめぐらせて活動する人間の魂が目印《メルクマール》を探し求めていると　―ヒツジがメェと言う！　魂が目印を見つけた。内なる感覚器官が働く。魂に最も強く印象を与えるメェという声、視覚や触覚による他のあらゆる性質から身を引き離して飛び出し、最も深く浸透してくるメェという声、それが魂にとどまる。このヒツジが再びやって来る。白く、おとなしく、もこもこして―魂は見て、触れて、深く思いをめぐらせ、目印を探し求めている―メェと言う。そうすると、今や魂はそのヒツジを再び認識するのだ！「あっ！　お前はあのメェと鳴くやつだな！」と、魂がその内部で感じる。魂はヒツジを人間的に認識した。魂がそれをはっきりと、つまり一つの目印を用いて認識し、そして名づけるからである。もっと暗かったら、だって？　そんなことがあれば、魂はヒツジにまったく気づかなかっただろう。なぜなら、魂にとっては、ヒツジに向けられるいかなる感性も、いかなる本能も、明瞭さの欠如を生き生きとした明晰さで補うということはないからだ。目印なしで、明瞭で直接的だって？　そんなふうには感性的な被造物がみずからの外部にあるものを感じることはできない。そうすると、常に別の感情を抑圧し、いわば完全に否定して、二つのものの違いをいつでも三つめのものを通して認識せざるをえなくなるからだ。それなら、目印によってではどうだろうか？　それは内的な目印となる単語以外の何だったのだろうか？　ヒツジのメェという音の響きが人間の魂によってヒツジの目印として認められ、深慮の力でヒツジの名前となった。たとえ彼の舌がたどたどしくその名を言おうと試みたことすら一度もなかったとしても。人間はそのヒツジをメェという声に基づいて認識した。それは把握された記号であり、そのもとで魂は一つの概念についてはっきりと深く思いをめぐらせた――これは言葉以外の何だろうか？　また、人間の言語の全体とは、そのような単語の集成以外の何だろうか？　たとえ人間が他の被造物《いきもの》にこの理念を与えたり、この深慮による目印を他の者に口真似してみせようと思ったり、それができたりするような状況にまったくなかったとしても、人間の魂がこの音の響きを想起の記号に選んだそのとき、魂はいわばその内部でメェと言ったのだ。また、魂がその音の響きをこの記号に基づいて認識したそのとき、魂は再びメェと言ったのである――言語は発明された！　まさしく人間が人間であったのと同じように自然に、そして人間にとって必然的に発明されたのである。

　言語の起源について執筆したたいていの人は、その起源を見つけることができるはずの唯一の地点で探し求めることをしなかった。そのため、多くの人々の念頭に浮かんだのは、非常に多くの暗い疑念だった。言語の起源が人間の魂の中のどこかに見つけられるのだろうか、と。——それを人間の発声器官が音をよりよく区切ること《アーティキュレーション》ができることに求めた人もいる。オランウータンがまさにこの発声器官を使って言語を発明したとでもいうのだろうか？　激情のさまざまな音の響きの中に探し求めた人もいる。すべての動物がこれらの音の響きを所有しているわけではないとか、何らかの動物がそれらの音の響きから言語を発明したというのだろうか？　自然を、そしてそれゆえ自然の音の響きを模倣する原理を想定した人もいる。そんな盲目的な性向などで何かを想起させられるとでもいうのだろうか？　また、サルがまさにこうした性向によって、あるいは、さまざまな音の響きを非常に上手に猿真似できるツグミが、言語を発明したとでもいうのだろうか？　最終的に大半の人は、単なる黙約、すなわち取り決めを仮定したが、これにはルソーがきわめて強硬に反対意見を述べた。そもそも、言語の自然な取り決めという暗くかつ錯綜した言葉はいったい何なのだろうか？　この、言語の人間的起源について述べられた非常に多くの堪え難い間違いは、最終的に正反対の考えをほとんど一般的なものにしてしまった——私は、このままの状態が続くのを望まない。問題は、言語を作る口腔器質ではない。というのも、一生涯口がきけなくても、人間は人間だったからだ。人間が深く思いをめぐらせたとき、言語は人間の魂の中に存在していたのだ！　問題は、感覚の叫び声ではない。というのも、呼吸する機械ではなく、深く思いをめぐらせる被造物《いきもの》が言語を発明したからだ！　魂における模倣の原理でもない！　自然の模倣というようなものは、ここで説明されることになる唯一の目的のための手段の一つにすぎない。最も問題にならないのは、合意、すなわち社会の恣意的な黙約である。森の中の孤独者である未開人は、たとえ一度もしゃべらなかったとしても、自分自身のために言語を発明せざるをえなかった、ということになってしまう。それは魂の自分自身との合意であり、人間が人間だったのと同じように必然的な合意だった。いかにして人間の魂が言語を発明できたのか、それが他の人々には理解し難いというのなら、私にとって理解不可能なのは、口も社会もない段階であろうともみずから言語を発明せざるをえないということなくして、まさにそれを抜きにして、いかにして人間の魂が魂たるものでありえたのか、ということである。

反対者たちの反論ほど、この起源をより明晰に説明するものはないだろう。言語の起源が神だということを最も徹底的かつ最も詳細に擁護した者[#]は、他の人々が触れるだけで終わっていた表面を突き破ったため、あとわずかで真の人間的起源の擁護者になれる。彼は証明の寸前で立ち止まってしまった。そして、彼の反論の要点は、あともう少しだけ正しく説明していれば、彼自身への反論となり、すなわち人間による言語の可能性という彼とは真逆のことの証明となる。彼は「言語の使用は理性の使用に必要だ！」ということを証明したと主張している。もしそうだとしたら、「理性の使用が人間にとって自然なことであるように、言語の使用もまたそうであるに違いない！」ということ以外、何がそれによって証明されるのか、私にはわからない。しかし、不幸なことに、彼は自分の命題を証明しなかった。彼が多くの労力を費やして示したのは、注意、反省、抽象などのような多くの繊細で複雑な行為は、魂が拠り所とする記号なしには適切には起こりえないということにすぎない。ただし、この適切ではない、とか、簡単ではない、とか、もっともらしくない、ということだけでは何も論じ尽くしてはいない。我々は抽象化する力を用いなければ、感性的な記号抜きの抽象などというものを想定することはできないが、同様に他の生物はそれがないほうがずっと多くを考えることができると言う。しかし、そこからは、少なくとも、感性的な記号抜きでは抽象それ自体が不可能だ、という結論にはまだ程遠い。私が裏づけたのは、理性の使用がただ適切だということのみならず、理性を最小限使用することも、ごく簡単で明らかな認知も、人間の思慮深さによるごく単純な判断も、目印なくしては不可能だということである。というのも、両者の相違は、第三のものによってしか認識できないのが常だからである。したがって、まさにこの第三のもの、この目印こそが、内的な目印の言葉となる。こうして言語は理性の最初の動きからごく自然に生じてくる。―ズュースミルヒ氏は、より高い次元の理性の使用はそれ以前に言語がないと起こりえないということを明らかにしようとして、ヴォルフの言葉を引き合いに出す。とはいえ、ヴォルフもこの件に関してだけは蓋然性で語っている。そもそも、この件はまったく何の役にも立たない。というのも、思弁的学問ではおなじみの、いちだんと高度な言語の使用は、言語の基礎を据える最初の礎石には当然のことながら必要なかったからである―しかしまた、この簡単に実証できる命題も、S〔ズュースミルヒ〕氏によってはただ説明されるにすぎない。私は、理性の最初の、きわめて程度の低い使用ですら、言語なくしては起こりえなかったということを実証したと思う。しかしながら、ここで彼は次のように推論する。自分自身で言語を発明できた人間などいない。なぜなら、言語の発明には理性が欠かせないからだ。したがって、言語が存在する以前にそれはそこに存在していなくてはならなかった、と。そこで私は、その永遠の独楽《こま》を停止させ、厳密によく調べてみる。すると今や、それはまったく別のことを語っている。理性と言語〔ratio et oratio〕！と。いかなる理性も人間にとって言語なしには不可能だったのであれば、よし！ そうであれば、言語の発明は人間にとって理性の使用と同じように、かくも自然で、かくも古く、かくも根源的で、かくも特徴的である。

ズュースミルヒ『神的起源の証明』〔初版では書名の代わりに［引用元著作］とある〕第二章。
［## 同書、五二頁。］

私はズュースミルヒの推論の仕方を永遠の独楽回しと名づけた。というのも、彼がそれを私の意見と逆方向に回すことができるのと同じように、私は彼の意見と逆方向にそれを回すことができるからだ。そうやって、この物体はいつまでも回り続けている。言語なしでは人間に理性はなく、理性なしでは言語はない。言語と理性なしには、神からの教示を受ける能力がない。とはいえ、神からの教示がなければ理性も言語もない――そうやって我々はいったいどこに行き着くのだろう？ 人間に理性がないなら、神からの教示によってどのようにして言語を学べるというのだろう？ それに、人間は言語なしでは理性をいささかも使用することができない。ということは、人間は言語をもっているとでもいうのか、それをもつ以前に、あるいはそれをもつことができるよりも前に？　はたまた理性的でありうるとでもいうのか、理性を自分ではいささかも使わないのに？　神の教示の最初の一音節《ひとこと》を理解できるには、ズュースミルヒ氏自身が認めているように、まさしく人間でなくてはならなかった。それはすなわち明瞭に考えられるということであり、最初の明瞭な思考の際にはすでに言語が人間の魂の中にあったのだ。それは人間自身の手段を用いて発明されたものであり、神の教示を通じての発明ではない。——この神の教示と言う場合に人々がたいてい何を考えているか、私にはよくわかっている。つまりは子供に対して両親が授ける言語教育だ。だが、よく思いをめぐらせてみてほしい、それはここではまったくあてはまらない、と。親が子供に言語を教える場合、子供が一緒に考えて発明しないなどということは決してない。両親たちがしているのは、ある種の言語記号を用いて子供たちに事物の区別に注意を向けさせることだけであり、そのようにして、子供の代わりをするのではなく、彼らが言語で理性を使うのを容易にし、促しているにすぎない。何か他の論拠であの〔神の教示の〕ような超自然的な容易化を仮定したいなら、それは私の目的とは無関係である。ただ、その場合も、神が人間たちのために言語を発明したのではまったくなく、人間たちも依然としてみずからのさまざまな力の働きを使うことで、高次の御働きという導きのもとでのみだが、みずからの言語を見出さざるをえなかったのだ。最初の言葉を言葉として、すなわち理性の標識となる記号として神の口から受け取ることができるためにも、理性が必要だった。そして、人間は、その同じ深慮を、この言葉を言葉として理解するために応用しなくてはならなかった。あたかも人間がそれをもともと思慮していたかのように。こうなると、私の反対者のあらゆる武器は彼自身に刃向かうことになる。神の言語を学ぶためには、人間が実際に理性を使用しなくてはならなかった。オウムのように何も考えずに言葉だけ言わされているのでないのなら、言語を習っている最中の子供も常に同じだ—そんなふうに〔オウムのように〕学んだのだとすれば、何とご立派な神の教え子になってしまうだろう？　また、もし彼らが永久にそのような仕方で学び続けたのだとしたら、私たちの理性言語はどこからやって来たというのだろう？

　思うに、ご立派なわが論敵がまだ生きていたら、彼の反論がもう少し規定されていれば自分に対する最強の反証になるということ、したがって彼は知らぬ間に自著の中で自分を論駁するための材料をみずから集め揃えてしまったということを、きっと悟ったことだろう。「まだ少しも理性ではない理性能力」という言葉の裏に彼が身を隠すことはなかっただろう。どうひっくり返しても矛盾だらけだからだ！　理性をほんの少しも使わない理性的な被造物《いきもの》、はたまた理性を使用している、言語の—ない被造物《いきもの》！　教示が理性を与えることのできる理性のない被造物《いきもの》、はたまた理性がないのに教示を受けることのできる被造物《いきもの》！　理性を少しも使えない存在—なのに人間だって！　自分の理性を自然的な力で用いることができなかったにもかかわらず、超自然的な教示のときにはそれを自然に用いることを学んだ存在だって！　まったく人間的ではなく、つまり人間の力では成立しえなかったにもかかわらず、それなのにそれなしでは自分の本来の力を何も表せないほど非常に人間的な言語だって！　それなしでは人間が人間ではなかったようなもの、それなのに人間が人間であったような状態。しかし、それをもっていない状態、それが現れることができた以前に、それがそこに存在する以前に現れざるをえず、つまりはそこに存在した、そういうものを人間がもっていなかった状態、等々——これらの矛盾は、人間や理性や言語が、あるがままに現実のものとして捉えられ、〈能力〉という言葉の亡霊（人間能力、理性能力、言語能力）の無意味さが暴露されれば、すべて明らかになる。

「しかし、クマに混じって暮らしていた野生の子供たちは言語をもっていたのだろうか。また、彼らは人間ではなかったのだろうか」[#]。もちろん、そうだ！　ただ、第一に、反自然な状態にいる人間だ！　変種した人間！　この植物の上に石を載せてみよ。それは曲がりくねって育ちはしないだろうか？　しかし、それにもかかわらず、その本性に従ってぐんぐん伸びていく植物ではないだろうか？　また、このまっすぐ伸びていく力は、曲がりくねって石に絡みついたときですら現れていたのではないだろうか？　したがって、第二に、この変種の可能性ですら人間の本性を示している。まさしく人間には動物と比べて圧倒的な本能がなく、いくつかのことはできる反面、あらゆるものに向けての能力が劣るので—つまり！　彼が人間だからである。それで変種することができたのだ。しなやかな器官やしなやかな肢体をもっていなかったら、クマによく似たうなり声を出したり、クマと同じように這ったりすることを覚えただろうか？　他の動物たち、サルやロバはそこまでできただろうか？　したがって、人間がそれほど不自然になることができたのは、人間的な本性が実際に作用したからではないだろうか？　だが、第三に、それはなおかつ人間の本性のままだった。というのも、うなったり、這ったり、喰らったり、嗅ぎまわったりすることをその人間は完全にクマのようにしていたのだろうか？　また、つまずきながら歩き、つっかえながら話す人間グマ、つまり不完全な二重生物のままで永遠にいたわけではなかったのではないだろうか？　肌も、面立ちも、足も舌も、完全にクマの姿に変われなければ変われないほど、決して疑わないようにしよう〈！〉魂の本性も変わることができなかったのだ。その理性は感性に、つまりクマのような本能に抑圧されて埋め隠されていたが、それでも人間の理性だった。なぜなら、そうした本能というのは、一度たりとも完全にクマらしいものではなかったからだ。そして最後に、これが実際そのとおりであることを、この事態の展開が証明してくれる。さまざまな障壁が払いのけられて、これらのクマ人間たちが自分たちの種属のもとに戻ってきたとき、彼らはクマのところで常に不自然に這ったりうなったりすることを学んだときよりも自然に直立歩行や話すことを学んだのではないだろうか？　這ったりうなったりすることはただクマを真似ていただけだが、直立歩行や話すことに関しては、短い時間でまったく人間的に学んだのだ。森でのかつての仲間たちのどれが彼らとともにこれを学んだだろう？　クマにはそのための身体と魂の素質がなかったためにこれを学ぶことができなかったが、それゆえ野生化という状況にある人間グマも、この素質をもう持ち続ける必要がなかったというのか？　それを彼に与えたのがただ教示と習慣だというのなら、なぜクマには与えないのか？　あらかじめ理性と人間性をもっていない者に、それを教示によって授けるとは、いったいどういうことなのだ？　察するところ、白内障の膜を除去するその針が、目に視力を与えたのだろう──それで、我々は不自然きわまりない事例から自然に関して何を結論づけようというのか？　それを不自然な事例だと認めようではないか──よし！　そうすれば、その不自然な事例が自然を裏づけることになる！

#　ズュースミルヒ、第二章、第二三節〔四七頁〕。

人間の不平等に関するルソーの仮説全体がこの変種の事例に基づいていることは周知のとおりである。また、言語の人間性に対する彼の疑惑は、誤った言語起源の各種に関係するか、あるいは、すでに理性が言語の発明に属していたという前述の難しい問題に関係している。最初の件に関しては、その疑惑ももっともである。二つめの件で反駁されているし、またルソー自身の発言によって反駁されうる。彼の幻想たる自然人、この変質した被造物に、彼は一方で理性能力という名の食事を与えているが、この被造物は他方で完全指向能力を、それも特徴的性質としての完全指向能力を、しかも高度な完全指向能力を賦与されているので、あらゆる種属の動物から学ぶことができるという──ここでルソーが彼に権利を与えなかったものなどあるだろうか！　我々が欲し、また必要とする以上だ！　第一の思考内容「見よ、これはその動物に特有だ！　オオカミが吠えている！　クマがうなっている！」──

すでにこれは（「これは自分にないものだ！」という第二の思考を結びつけることができるような光の中で考えられているので）正真正銘の反省である。そこに「よし！　これを真似よう！　これなら自分の本性にもふさわしい！　これなら自分も模倣できるかもしれない！　これを真似よう！」それによって自分の種属がもっと完全なものになる！」という第三、第四の思考が続く。何と多くの繊細かつ推論を進めることのできる反省の連続であることか！　なぜなら、最初の反省をできただけの被造物が、すでに魂の言語をもっていなくてはならなかったのだから！話す術を作り出すような、まさにそうした思考術をすでに所有していたのだから。サルは常に猿真似をするが、模倣したことは決してない。思慮深さを用いて「これを模倣したい、自分の種属をもっと完全なものにするために！」と自分自身に言うことは決してない。もしそんなことがあったのなら、ただ一度でも模倣をわがものにして、自分の種属の中で選択と意図をもってこの模倣を恒久化したことがあったのなら、また、サルがほんの一度だけでもこうした反省のうちの一つでも考えることができたのなら――その瞬間、それはもはやサルではない！　どんなにサルの姿をしていても、その舌から一つも音声が出なくても、内面でものを言う人間だったのであり、遅かれ早かれ外的な言語を発明せざるをえなくなっていた――しかし、どこのオランウータンが、人間同様の言語器官をそなえて人間の言葉を一つでも話したことがあるというのか？

もちろん、ヨーロッパにはまだ黒人《ニグロ》の兄弟がおり、彼らは次のように言う。「おそらく、あるだろう――彼が話すことを欲しさえすれば！――あるいはそういう状況になったら！――」

あるいはそうなりうるなら！」＝＝なりうるなら！　これが最良だろう。というのも、最初の二つの〈もし〉は、動物史によって十分に反駁されており、また、すでに述べたように、オランウータンの場合、器官によって能力が妨げられることはないからだ！　オランウータンは、外面的にも内部にも我々同様の頭をもっている。だが、彼はいまだかつて語ったことがあるだろうか？　オウムやムクドリは十分に人間の音の響きを習い覚えた。しかし、人間的な言葉を思い浮かべただろうか？――総じて、ここでは言葉の外面的な音の響きは我々にはまだ関係がない。我々が語っているのは、内なる必然的な言葉の発生について、すなわち明確な深慮の目印〔メルクマール〕としての言葉の発生についてである――しかし、どのような方法であれ、いずれかの種類の動物がそれを言い表したことがあったとしたら？　思考のこの糸、この魂の言説は、どのように言い表すにせよ、いつでも他者が気づけるものだったに違いない。しかし、これまでにいったい誰がそれをしただろうか？　キツネはイソップが行動させたのと同じように一〇〇〇回行動した。だが、キツネはイソップの考えに沿って行動したことなど一度もない。キツネに初めてそれができるときには、キツネ親方《マイスター》が自分の言語を自分で発明することになり、今イソップがキツネについての寓話を語っているのと同じように、イソップについての寓話を語ることができるようになるだろう。イヌは多くの言葉や命令を理解することを学んだ。しかし、言葉としてではなく記号としてであり、身振りや行動と結びついた記号としてである。人間的な意味で言葉を一つでも理解することがあるとしたら、イヌは仕えることをしなくなり、みずからのために芸術と共和国と言語を創り出すだろう。正確な発生点をひとたび誤ると、誤謬の領域は二つの側面へと計り知れないほど大きくなってしまう！　そこで言語は、神が作り出さなくてはならないほど超人間的なものになったり、どんな動物でも努力すれば作り出せるほど非人間的なものになったりする。真理の目標は、ただ一点のみ！　そこに焦点を合わせつつも、あらゆる側面に注意を払おう。すなわち、どんな動物でも言語を発明できるわけではないのはなぜか？　神が言語を発明する必要がないのはなぜか？　また、人間が人間として言語を発明することができ、またそうせざるをえないのはなぜか？

もうこれ以上、形而上学〔の観点〕から言語の神的起源の仮説を追求したくはない。なぜなら、心理学的には、その無根拠さが、オリュンポスの神々の言語を理解するためには人間が理性を、すなわち言語をすでにもっていなければならないという点に示されているからである。まして、動物語の心地よい詳細に関わり合うことなど、なおさらできない。それらはすべて、我々が見たように、全面的かつ比較にならないほど人間の言語からかけ離れているからである。私がここでどうしてもあきらめきれないものがあるとしたら、それは人間の魂の内部での言語の発生点から論理学、美学、心理学という広い領域へと、とりわけ次のような問いを経て進んでいく、さまざまな展望である。人は〔言語〕なしでどこまで可能か？――人は言語を用いて何を考えねばならないのか？――この問いは、のちに応用された際、ほとんどあらゆる学問に関わるものだ。ここでは以下のことで十分としておこう。言語は外部から我々の種属を認識する現実の識別特徴であり、理性は内部からの識別特徴である、と。

したがって、言葉、また理性、概念と単語、言語と原因、それらに同一の名称がつけられている言語が一つならずあり、この同義性にはその〔言語の〕発生の起源すべてが含まれている。オリエント人の場合、ある事柄の認知のことを命名と呼ぶのは、きわめて慣用的《イディオム》な語法になっていた。というのも、魂の根底では、これら二つの行為はただ一つのものだからだ。彼らは人間のことをしゃべる動物と呼び、理性のない動物のことを口がきけない者と呼ぶ。この表現は感性的に特徴を表している。また、ギリシア語のアロゴス〔ἄλογος〕は両方を表している。こうして言語は悟性の自然的な器官となり、古代人の敏感な魂にとっては視力が目を目となし[*40]、ミツバチの本能が自分の巣房を築くように、言語が人間の魂の感覚器官となる。

精神がみずから作ったこの新たな感覚器官が、その起源において同時に結合の手段でもあるとは素晴らしいことだ——人間の最初の思考を考え、深く思いをめぐらせた最初の判断を並べる際には、私は自分の魂の中で対話したり対話しようと努めたりせざるをえない。このように、人間の最初の思考は、本質的に他の人々と対話できるように準備を整えているのだ！私が把握する最初の目印《メルクマール》は、自分のための目印となる単語であり、他の人たちのための伝達の言葉なのだ！

〔——このようにして、彼らは言葉と名前を発明した。
それらによって彼らが単語の音声や意味を記録できるように。
〔Sic verba, quibus voces sensusque notarent

Nominaque invenere〕——
ホラティウス〕

第三章

プロメテウスの天上の火花が人間の魂の中で燃え上がる、その焦点は確認された──最初の目印〔メルクマール〕から言語が生じた。しかし、言語の要素となった最初のいくつかの目印とは、どのようなものだったのだろうか？

I　さまざまな音

チェセルデンの盲人が[#*41]示しているのは次のことである。視覚はいかにゆっくりと発達するか？　空間、形姿あるいは色彩といった概念に魂が至るのはいかに困難か？　これらの目印を明確に用いるためには、いかに多くの試みがなされ、いかに多くの測量術が習得されねばならないことか。つまり、視覚は言語に最適な感覚器官ではなかった。その諸現象はきわめて冷たく、かつ無音だった。もっと大雑把な感覚器官の感覚が、どれもまた非常に不明瞭で入り混ざっていたため、言語の最初の師範になったのは耳であり、そうでなければ何も師範になりえなかったというのは当然である。

［＃『哲学会報』――「摘要」――、チェセルデンの『解剖学』、スミス〔著〕＝ケストナー〔訳〕の『光学』、ビュフォンの『博物誌』、『百科全書』、一〇種類のフランス語小辞典の「盲人〔Aveugle〕」の項目にも出ている。］

ここに例えばあのヒツジがいる。それは、形象として、目にとってはあらゆる対象物や形象や色彩とともに、自然というただ一枚の大きな画面の上で揺らめいている――識別するには、何と多く、何と厄介なことか！　あらゆる目印が細かく絡み合って並んでいる――すべてはまだ言い表しえない！　誰が形態を語ることなどできるだろう？　誰が色彩を音にすることなどできるだろう？　彼はヒツジを手探りしてみる――触覚はもっと確実で充実しているが、あまりにもいっぱいで、あまりにも暗く入り混じっているため――誰が自分の触《さわ》った感じを言えるというのか？　だが、耳を澄ませてみよ！　ヒツジがメェと言う！　すると、一つの目印が、少ししか識別がつかなかった色彩画の画面からおのずと離れてくる。そして、深くはっきりと魂の中に入り込んでいった。「お！」と、習い始めたばかりの未熟な人間は、チェセルデンのかの盲人だった者のように述べる。「これで今度もお前のことがわかるぞ――お前、メェと言うだろ！」キジバトはクゥクゥ言う！　イヌはワンワン言う！　これで単語が三つである。なぜなら、彼は三つの明確な観念を取り込もうとしたからである。これらの観念を自分の論理の中に、また、これらの単語を自分の辞書の中に！　理性と言語は、ともにおずおずと一歩を踏み出し、自然はそれらを途中まで出迎えた—聴覚を通して。それは目印をただ鳴り響かせただけでなく、魂の奥深くまでもたらした！　音が響いた！　魂が素早く捉えた—これで魂には鳴り響く言葉がもうあるのだ！

このように人間は、耳を澄ませて、察知する被造物〔いきもの〕として、言語へと自然に形成されている。また、触感がなかったり耳が聞こえなかったりするのでなければ、目が見えない者や口がきけない者ですら、見てのとおり、言語を発見せざるをえなかった。彼がのんびりくつろいで孤島にいるとしよう。すると、自然は彼の耳を通してみずからを啓示することだろう。彼の目には見えなくとも、幾千もの被造物が彼と話をしているように思われる。彼の口と目が永久に閉ざされていようとも、彼の魂がまったく言語なしでいられるということはない。木の葉が気の毒な孤独者に涼しさをさやさやと注ぎ届けるとき、ざわざわ流れゆく小川が彼を揺すって寝かしつけるとき、そよそよ吹く西風が彼の頰に風を送るとき、—メェと言うヒツジが彼に乳を与え、さらさら言う泉が水を与え、さやさや言う木が果実を与えるとき—これらの恵み深い存在と知り合いたいという関心は人間に十分にあるし、目も舌も用いずに彼の魂の内部でそれらを名づけたいという切実な気持ちも十分にある。木はさやさや言う者、西風はそよそよ言う者、泉はさらさら言う者と呼ばれることになる。そこには小さな辞書ができていた。そして、言語器官による刻印を待っている。しかし、この身体機能が損なわれた者がこうした音の響きに結びつける表象は、いかに貧弱で風変わりなものにならざるをえないことか？#

〔#　ディドロは、『聾唖者に関する書簡』全体の中で、この主題にほとんど触れていない。倒置法やその他無数の些細なことにばかり関わり合っているからである。〕

それでは、ここで人間のあらゆる感覚器官を自由にしてみよう。見るがよい、触れるがよい、耳に語りかけてくるすべての存在を同時に感じてみるがよい――天よ！　観念と言語の何という講堂《ホール》であることか！　メルクリウスやアポロをオペラ装置のように雲の中から下界へと連れ降ろさずともよい――豊かに鳴り響く神的な自然全体が言語の女性教師にして美の女神〔ミューズ〕なのだ！　ここで自然は、すべての生き物が次々と人間の目の前を通るようにする。それぞれがみずからの名前を舌の上に載せてやって来て、この目に見える隠れた神《みつ》[*42]に対して、家臣かつ従僕として自分の名を名乗る。自分の目印となる言葉を、あたかも貢ぎ物のように人間による支配の書物に引き渡す。それは、人がその名前でそれを思い出せるように、その生き物を今後その名で呼びかけて享受できるように、である。私は問う、「人間は悟性によって自然を支配するのだが、この悟性こそが生き生きとした言語の父であり、それが鳴り響く諸存在のさまざまな音の中から識別の目印のために言語を抽出したのだ！」というこの真理はどうか、と。私は問う、このオリエント風の乾いた真理[*43]は、「神は動物たちを彼〔アダム〕のところに連れてきた。彼がどのように名づけるかを見るためだ！　彼が名づけると、そのとおりに動物たちは呼ばれることになった！」というものより、もっと高貴かつ美しく述べられはしないか、と。どこでならオリエント的かつ詩的にさらにこれ以上明確に述べることができるか。次のとおりだ。人間が自分で言語を発明した！――生ける自然のさまざまな音から！――支配する悟性の目印とするために！――これこそが私の証明することである。

もしも天使や天上の霊が言語を発明したとすれば、言語の構造全体はこの霊の思考方法の複写であるはずだが、それ以外にどうありうるというのだろうか？　つまり、ある絵が天使によって描かれたことを知るには、その特徴《タッチ》である天使的なもの、この世を超えたものを基準とするしかないが、それ以外の何によってわかるというのだろうか？　だが、我々の言語のどこにそれがあるだろうか？　この宮殿の構造、見取り図、そしてこの宮殿の最初の礎石さえ、人間的なものであることを露呈しているではないか！

どの言語において、天上的かつ精神的な諸概念が最初のものだというのだろうか？　思考する我々の精神の秩序に従っても、最初のものだったに違いない諸概念――主語、一般的概念〔notiones communes〕、我々の認識の種子、あらゆるものがそれを中心にしてめぐり、そこに戻ってくるような諸点――これらの生ける点は、言語の基本要素なのだろうか？　当然ながら、主語は述語より先に存在し、また、最も単純な主語は複合的な主語よりも先に、行為するものが行為されるものよりも先に、本質的で確かなものが不確かで偶然的なものよりも先に存在したに違いない――まさに、すべてを推論することなどできないが、それに――我々の原初の言語では明らかに正反対のことが一貫して起こっている。そこにいると認められるのは、耳を澄ませて聞いている被造物《いきもの》であって、天上の霊ではない。というのも――音を発する動詞〔Verba〕こそが第一の威力ある基本要素だからである。音を発する動詞〔Verba〕だって？　行為ではあっても、そこで行為しているもののことではまだないのか？　天上の霊《ゲーニウス》であればそれを恥じたことだろうが、感性的な被造物である人間にその必要はない。というのも、我々が見てきたように、これらの音を発する行為以上にその被造物《いきもの》の心を動かしたものがあっただろうか？　だから、言語の全構造形式は、彼の精神の発達の仕方、彼の発見の歴史以外の何だというのだろうか！　神的起源は何も説明してくれないし、それ自体からは何も説明されることがない。それはベーコン[*44]が別の件について述べているように、聖なるウェスタの処女である[*45]――神に捧げられているが子を産む能力がなく、信心深くはあるが何の役にも立たないのだ！

最初の辞書は、こうして世界中の音声から集成された。音を発するあらゆる存在から、その名前が響いていた。人間の魂はみずからの像を刻印し、それを標識となる記号だと考えた――これらの音を発する感嘆詞が最初でなかったら、いったいどうだったというのか。だから、例えばオリエントの諸言語は、その言語の基根としての動詞〔Verba〕で満ちている。事柄そのものについての思考は、行為している者と行為のあいだで、まだ漂《ただよ》っていた。事物が音を与えたのと同じように、音は事物を名づけざるをえなかった。したがって、動詞〔Verba〕から名詞〔Nomina〕ができたのであり、名詞〔Nomina〕から動詞〔Verba〕ができたのではない。[*46]子供がヒツジを呼ぶとき、それはヒツジとしてではない。そうではなく、メェと鳴く生き物としてであって、間投詞を動詞〔Verbum〕にするのである。これらの事柄は人間の感性の段階的発展によって説明可能だが、より高度な精神の論理では説明できない。

すべての古くて野生的な言語は、この起源に満ちている。だから、オリエント哲学辞書なるもので、あらゆる基幹語がその派生語とともに正しく配置されて健全に説明されるなら、それは人間の精神の歩みの地図になり、その発展の歴史になることだろう。また、そのような辞書自体が人間の魂の発明技術のきわめて卓越した証拠になることだろう――しかし、それは神の言語方法や教授方法の証拠になるだろうか？　私は胡散臭いと思うのだ！

自然全体が鳴り響くことから、感性的な人間にとっては、自然が生きており、話し、行動することほど自然なことはない。かの未開人は見事な梢《こずえ》をもった高い木を見て感嘆した。梢がざわざわした！　これぞ息づく神性だ！　その未開人はひれ伏して崇《あが》める！　ここに見よ、感性的な人間の歴史を、動詞〔Verba〕から名詞〔Nomina〕が生じる暗き絆を――そして、抽象化へのきわめて軽やかな足どりを！　例えば、北アメリカの未開人たちのもとでは、あらゆるものにまだ生命がある。すなわち、いかなる事柄も、そのゲーニウス、つまり精霊をもっている。ギリシア人やオリエント諸国の人々のもとでも同様だったことを、彼らの最古の辞書や文法が明白に示している――それらは、自然全体が〔言語の〕発明者にとってそうだったように、万神殿《パンテオン》なのだ！　生命をもって行動する、諸々の存在の王国なのだ！

だが、人間があらゆるものを自分に関連づけたことによって、例えば、あらゆるものが人間と語っているように見え、実際、彼に対して好意的あるいは敵対的に行動したことによって、また、人間もそれに好意的あるいは敵対的に関わり、愛しあるいは憎んだことによって、つまりすべてを人間的に思い浮かべたため、あらゆる人間らしい反応の痕跡が最初の名称に刻印を残すことになった！　これらもまた、愛や憎しみ、呪いや祝福、柔和や嫌悪を語ったのであり、とりわけこうした感情からきわめて多くの言語において生じたのが冠詞だ！　そこでは、すべてが人間的になり、女と男に擬人化された。至る所に神々が、女神たちが、悪意あるいは善意をもった行動する存在がいるのだ！　轟音をたてる嵐、甘やかなそよ風、透きとおる泉に、力溢れる大海——これらすべてにまつわる神話は、古《いにしえ》の言語という鉱脈、すなわち、その動詞〔Verba〕と名詞〔Nomina〕の中にあり、最古の辞書は、あの最初の発明者の感覚器官にとっての自然がそうだったように、音を鳴り響かせる万神殿〔パンテオン〕、二つの性がともに集う大広間だった。ここでは、古の未開人の言語は、彼らの神話と同じように、人間の想像《ファンタジー》や激情という迷路における調査の営みとなる。同じ語源をもつ一群の派生語は、聖なる樫《オーク》の木のまわり、すなわち、一つの感覚的な主要観念の周囲にあるぼうぼうとした茂みであり、その木には、〔言語の〕発明者がこの樹木の精《ドリュアス》からどのような印象を受けたか、その痕跡が残っている。彼の感情はさまざまに紡《つむ》ぎ合わされている。動いているもの、それは生きている。そこで音を鳴り響かせているもの、それは口をきいている——また、それが貴君《あなた》に対して好意をもって音を響かせ、あるいは反感をもって音を発しているのであれば、それは友または敵、神または女神である。それは情熱に駆られて行動している、まさに貴君《あなた》のように！
人間という感性的な被造物《いきもの》を、この思考方法ゆえに私は愛しく思う。私には、至る所に弱く内気で感受性の強い者が見える。彼は愛したり、憎んだり、信用したり、恐れたりせずにはいられず、それらの感覚を自分の胸のうちからあらゆる存在の上へといっぱいに広げたいと思っている。私には、至る所に弱く、しかし力強い被造物《いきもの》が見える。それは全宇宙を必要としており、いっさいのものを自分との戦争や平和に巻き込む。その被造物はいっさいのものに依存していながら、しかしいっさいのものを支配している——詩歌と、そして言語の性の創造は、それゆえ人類の関心事であり、語りという生殖器が、いわばその繁殖の手段である。とはいえ——もし高次の霊《ゲーニウス》が言語を星の彼方からもたらしたのであれば——どのようにだろうか？　星の彼方からやって来たこの霊は、月の下にある地球の上で、愛や弱さ、憎しみや恐れといった激しい感情の中に巻き込まれるのだろうか？　そして、その結果、愛しさや憎しみにいっさいのものを編み込み、いっさいの言葉を恐れと喜びによって言い表し、最終的にいっさいのものを性的結合に基づいて築いたのだろうか？　その霊が人間と同じように見たり感じたりした結果、それにとっては名詞〔Nomina〕が性と冠詞のつがい《めと》にならざるをえず、それが動詞〔Verba〕を能動と受動として娶らせ、それらにかくも多くの実子と双生児ができるのを認め、要するに、それが言語全体を人間のさまざまな弱さの感情に基づいて築いたのだろうか？〔——霊は、そのように見て感じたのだろうか？〕
超自然的起源の擁護者#にとって、言語の神的秩序とはこうである。「たいていの基幹単語は一音節であり、動詞〔Verba〕はたいてい二音節である。したがって、言語は記憶の程度に応じて整えられている」。この事実は正確ではなく、結論は不確実である。最も古いと想定されている言語の名残りにおいては、語根はどれも二音節の動詞〔Verba〕である。これは前述のことから非常によく説明できる。というのも、反対の仮説にはいかなる根拠もないからである。すなわち、これらの動詞〔Verba〕は音を鳴り響かせる自然の音声や間投詞に直接もとづいており、その音声が今なおそれらの中で鳴り響いていて、そこかしこで間投詞としていまだに残されているのである。しかし、言語が形成されてきたとき、それらはたいてい半ば分節されえない音声として消失するほかなかった。したがって、オリエント諸言語では、これらのたどたどしい最初の試みが欠如している。だが、それらが欠けていて規則的な名残りのみが動詞の中で鳴り響いていること、そのことが示しているのは、まさに言語の根源性と――人間的な性質である。これらの語幹は、神の悟性に由来する財宝や抽象物だろうか、それとも傾聴する耳に響いた最初の音だろうか？　舌によるたどたどしい最初の音の響きだろうか？　まさしく、幼年期の人類は未成熟な者がつっかえながら話すような言語をみずから形作った。「それは乳母部屋で話されるたどたどしい言葉の語彙集である――それは大人が話す言葉のどこに残っているだろうか？」

＃　ズースミルヒ、第八節〔実際は、第七節、二三頁。ズプハン全集版、五五頁の脚注も参照〕。

多くの古人が述べれば述べるほど、多くの近代人がよく考えないまま真似て言うこと、すなわち「詩歌《ポエジー》は散文より古い！」は、こうしたことからその感性的な生命を授かっている。というのも、この最初の言語は詩歌〔ポエジー〕の要素の集成以外の何だったというのか？　音を響かせ、行動し、胎動する自然の模倣！　あらゆる存在の間投詞からとられ、人間の感覚の間投詞によって生気を与えられて！　あらゆる被造物の自然言語が悟性によって音声へと作り上げられて、行為、情熱、生きた感化の形象へと作り上げられて！　神話でもあり、あらゆる存在の行為や語りの素晴らしい叙事詩《エーポス》でもある、魂の語彙集！　したがって、情熱と関心に満ち溢れた、絶えざる寓話詩！――詩歌とは、それ以外の何だろうか？――

さらに言おう。古代の伝承は人類の最初の言語は歌だったと述べており、それで多くの善良で音楽的な人々は人間がこの歌を鳥たちから学び取ったのだろうと信じた――それはもちろん信じすぎである！　精密な歯車、巻かれたばかりのぜんまい、五〇キロ《ツエントナー》の錘《おもり》をすべてそなえた重たい大時計なら、おそらくさまざまな音の響きによる鐘楽を奏《かな》でることができるだろう。しかし、効果的な動力や、さまざまな欲求、強い感覚、ほぼ盲目的《やみくも》にしか働かない注意力しかなく、そしてせいぜい未加工の咽頭しかもたないような、創造されてまもない人間のことを、ナイチンゲールを真似してそこから言語を歌い取るために仮定するということなど、それが音楽や詩歌のいかに多くの物語に書かれていようとも、私にはまったく理解し難い。もちろん、音楽という意味での音を通しての言語も可能かもしれない（ライプニッツ[*47]もその考えに至ったように！）。しかし、最初の自然人にとって、この言語は可能ではなかった。それはあまりにも人工的で洗練されすぎている。存在の秩序においては、それぞれの物が自分の声と、その声に応じた言語をもっている。愛の言語は、ナイチンゲールの巣では甘美な歌であり、ライオンの洞穴では咆吼である。獣の住む森林では発情の嘶《いなな》きであり、猫の隠れ場では悲鳴のような叫びである。いかなる種属も自分の言語を語るが、それは人間のためではなく、自分たちのためであり、彼ら自身にとってはラウラに捧げたペトラルカ[*48]の歌のように心地よいのである。だから、ナイチンゲールが歌うのを人間は自分たちのためだと自《うぬ》惚《ぼ》れているが、それは人間に歌って聞かせるためではない。それと同じように、人間もナイチンゲールを真似てさえずることで自分のための言語を発明しようなどとは思わないだろう――人間もどきのナイチンゲールが洞穴にいたり、狩猟の森にいたりするとしたら、それは何たる怪物であろうか？――

［# 『哲学著作集』ラスペによる出版、二三二頁。］

　こうしたわけで、人間の最初の言語が歌だったのなら、いわば浮遊する肺とでも言うべきナイチンゲールにとって自分の歌がそうであるように、歌は人間にとってごく自然であり、人間の諸器官や自然的衝動にとってふさわしいものだった。そして、それは――まさに我々の鳴り響く言語だった。コンディヤック、ルソーその他の人々は、最古の諸言語の音律や歌を感覚の叫びから導き出すことで道のりの半ばまでは来ていた。感覚はもちろん最初の音に生気を与え、それらを高めたことは疑いない。しかし、この歌が人間の言語だったとはいえ、感覚の単なる音から人間の言語は決して生じえなかった。それでは人間の言語を生じさせるための何かがまだ足りない。これこそまさに、一つ一つの被造物《いきもの》を、それらの言語に応じて命名することだった。すると、自然全体が歌い聞かせたり、音に響かせたりしてくれた。それで、人間の歌は、悟性が自然のあらゆる声を必要とし、感覚が捉え、諸器官がそれを表現できたかぎりにおいて、自然のさまざまな声の協奏《コンチエルト》になった——これは歌になった。だが、それはナイチンゲールの歌でもライプニッツの音楽的言語でもなく、動物の単なる感覚の叫びにもならなかった。人間の声にとって自然な音階の範囲における、あらゆる被造物の言語の表現だったのだ！

言語がのちにさらに規則的になり、単調になり、整理されたものになっても、多くの未開人の抑揚が明らかに示しているように、それは依然として一種の歌であり続けた。この歌が、のちにさらに醇化され、洗練されて、最古の詩歌〔ポエジー〕と音楽が成立したことを、現在では一人ならず幾人もの人々が証明してきた。今世紀に詩歌《ポエジー》と音楽のこの起源に取り組んだ、あの哲学的イギリス人は[#*49]、もし彼が言語の精神を自分の研究から除外したりせず、また、詩歌《ポエジー》と音楽を結局はどちらも適切に示されることがない唯一の統合点に閉じ込めてしまうような体系化を目指すことをさほどせず、またそのぶん人間の本性すべてから両者の起源を目指していれば、最大の成果をあげることができただろう。そもそも、古い詩歌のきわめて優れた諸作品は、この言語を歌う時代の名残りなので、最古のさまざまな詩やギリシア悲劇や朗読の進行から文字に起こした結果として生じた見当違いの知識や、捏造や、歪んだ没趣味が数えきれないほどある。こうした時代がいまだ息づいている場である未開人のところでこれらの作品を読むための音を学んだ哲学者がいるとしたら、彼にはこの点に関してどれほど多くの言うべきことがあっただろうか！　そうでなければ、そしてたいていは、裏返しになったタペストリーの織目しか見えていないのだ！　切り刻まれた詩人の肢体〔disiecti membra poetae〕だ！[*50]——だが、もし私が一つ一つの言語の見解に関わろうとするなら、私は果てしない領域に迷い込んでしまうだろう——そういうわけで、言語の最初の発明過程という道へ立ち戻ろう！

ブラウン。

音が悟性によって目印に刻印され、いかに言葉が生じたかは非常に理解しやすかった。だが、すべての対象が音を鳴り響かせるわけではない。では、魂がそれらを命名する際の、これらの目印はどのようなところからのものだろうか？　音の響きではないものを音の響きに変える技は、どこから人間にもたらされたのだろうか？　色は、また丸みは、メェという名がヒツジから生じたように、そこから生じる名称とどのような関わりがあるのだろうか？——超自然的起源の擁護者は、ここでただちに名案をもっている。「恣意的だ！　なぜ緑色が緑であって青と言われないのか、誰がこれを理解して神の悟性の中に探し求めることができようか？　疑いなく、それが神の御心《みこころ》にかなっていたのだ！」　これによって糸は断ち切られてしまう！　言語の発明術に関するあらゆる哲学は、こうして雲の中で漂《ただよ》っており、我々にとって単語はどれも隠された性質〔qualitas occulta〕、すなわち恣意的なものなのである！―この場合、恣意的という言葉の意味を私がまったく理解できないのを悪く思わないでほしい。ある言語を恣意的に選択の根拠なしに頭脳から発明するとは、すべてのことにせめて少なくともいくばくかの理由を求める人間の魂にとっては、死ぬほど身体を撫でまわされるのと同じようなひどい苦痛である。粗野で感性的な自然人にとってはなおさら、彼のさまざまな力は無駄なことを戯れとするにはまだ練れておらず、未熟で力だけはあり、差し迫った理由がなければ何もせず、無駄なことは何もしたくない者、そのような者には、つまらぬ空虚な恣意からの言語の発明は、彼の本性からのあらゆる類推に反している。それに、そもそも人間の魂のあらゆる力の類推すべてに反しているのだ、純粋な恣意から思いついた言語などというものは。

したがって、本題へ戻ることにしよう。人間は、自分のさまざまな力に委ねられて、いかにして

II　言語を、そのとき音が彼の耳に響いてこなくても

発明することができたのだろうか？　視覚と聴覚、色と言葉、香りと音はどのように関連しているのだろうか？　それらは対象において関連し合っているのではない。だが、対象の中にあるこれらの性質はいったい何だろうか？　それらは我々の内部におけるただの感性的な感覚にすぎないが、そうしたものとして、それらは皆、唯一のものに合流しているのではないか？　我々は思考する総合感覚器官〔sensorium commune〕であり、たださまざまな側面から触れられているだけである――ここに説明が存在する。

あらゆる感覚器官の基礎には触感がある。そして、これがきわめてさまざまな種類の感覚に非常に密接で強く、言い表し難い絆を与えるので、この結びつきからきわめて奇妙な現象が生じる。私は一つならぬ例を知っているが、例えばある人は、生まれつき、おそらくは子供時代のある印象から、急な生理的発作によって、この音の響きとかの色が、この現象とかのまったく違う暗い触感が、直接にどうしようもなく結びついてしまった。ゆっくりとした理性の比較を通してみれば、それとこれは類似性がないというのに。いったい誰が音の響きと色、現象と触感を比較できるというのか？　我々は、きわめて異なる感覚器官のそうした結びつきに満ちている。ただ、我々がそれに気づくのは、自制心を失うような感情的発作のときや、妄想の病のとき、それらが異常に目立つ状態になるときだけである。我々の思考の正常な流れは非常に速く、我々の感覚の波は非常に暗く入り乱れつつ轟《とどろ》いている。我々の魂の内部には、いちどきにあまりに多くのものが存在するため、たいていの観念に関しては泉のほとりでまどろんでいるような状態にある。もちろん、我々は波の一つ一つのざわめきを耳にしているが、あまりに暗いため、ついには眠りが気づきを可能にする感情を我々から残らず奪い取ってしまう。思考の鎖を停止して、一つ一つの環に関してそのつながりを探し求めることが我々に可能だとしたら―いかに奇妙なことか！　きわめて異なる感覚器官の、いかになじみのない類推であることか、魂はそれらに基づいてよどみなく振る舞っているというのに！　我々は皆、ただ単に理性をもつ存在にしては賢明に考えはするが、非常に不可解でたわけた結びつけ方をするような、かの狂人の類いに似ているということになってしまうではないか！

多くの異なった感覚器官によって一度に感じる感性的被造物の場合には、観念のこうした集合は避け難い。というのも、あらゆる感覚器官は魂のただ一つの積極的な力の単なる表象の諸形式以外の何だというのか？　我々はそれを区別するが、しかし、それはまたしても感覚器官を通してのみ、つまり表現の諸形式を通して表現の諸形式を区別するのである。我々は使用に際してそれらを分けることを非常に苦労して学ぶ―しかし、ある根底のところで、それらは依然として同時に作用している。ビュフォンやコンディヤックやボネら[*51]において感覚を働かせている人間の場合、感覚の分析はどれも抽象化である。その哲学者は、感覚という一本の糸を、他の糸をたどっているあいだは置き去りにせざるをえない。―だが、自然においては、それらの糸すべてがただ一つの織物になっているのだ！　感覚器官が暗ければ暗いほど、それらは合流して混ざり合う。一つの器官を他の器官と関係なく用いることや、技巧と明瞭さをもって用いることに不慣れで習熟していなければいないほど、どんどん曖昧になるのだ！　このことを言語の始まりに応用してみよう！　人間が幼年期で未経験だったことが、言語の発明を容易にしたのだ！

人間は世界の中へとその一歩を踏み出した。そのとき、何たる大海によって彼はいちどきに襲われたことだろう！　何と苦労して彼は学んだことか！　識別するということを！　さまざまな感覚器官を認識することを！　認識した感覚器官を独力で用いることを！　視覚は最も冷たい感覚器官である。長年の努力や習練で我々にとってそうなったのだが、もともと冷たく距離があって明確なままだったとしても、目に映るものをどうやって耳で聞こえるようにできるのか、私にはもちろんわからない。しかしながら、自然はそのための配慮をして、その道のりを縮めてくれた。というのも、この視覚ですら、幼児や盲目だった人々が証明しているように、最初は単なる触覚にすぎなかったからである。目に見えるたいていのものは動く。多くは動いているときに音を発する。そうでない場合、それらは最初の状態の目にとって、いわば近くに、直接その上にあり、それゆえ触れるかのように感じることができる。触感は聴覚にごく近い。それが表すいろいろな表現、例えば、硬い〔ハルト（＝ごつん）〕、粗い〔ラオ（＝ざらり）〕、やわらかい〔ヴァイヒ（＝ふんわり）〕、羊毛のような〔ヴォリヒト（＝むくむく）〕、ビロードのような〔ザメト（＝するり）〕、毛だらけの〔ハーリヒト（＝もさもさ）〕、硬直した〔シュタル（＝かちん）〕、滑らかな〔グラット（＝つるん）〕、簡素な〔シュリヒト（＝さらり）〕、剛毛の〔ボルスティヒ（＝ごわごわ）〕、等々は、どれも表面に関するもので、深いところに作用していかないが、まるで人がそれに触れて感じているかのような音を発している。こうした押し寄せてくる感覚の流れの中で、ある単語を創る必要を感じた魂は、隣接した感覚器官の言葉をつかみとったのだろう。その器官が触れた感情は触覚と合流しており、—そのようにしてすべての感覚器官に、最も冷たい感覚にすら、言葉が出来上がった。稲妻は音がしない。だが、それを表現しようとするなら、この夜更けの使者とは〈!〉

にわかに天地のヴェールを取り払い
人が「そこだ!」と言うより速く[*52]
闇の淵へと降り去るもの—

中間的な触感の助けによって、目が受けた電光石火の感覚を耳に与えるような単語が自然とできる—稲妻〔ブリッツ〕と!—香り〔ドゥフト〕、音〔トーン〕、甘い〔ズュース〕、苦い〔ビター〕、すっぱい〔ザウアー〕などはすべて、まるで人がそう感じているかのような音である。というのも、そもそも感覚器官はすべて感触以外の何だったというのか?—しかし、感触がどのようにして音声となって現れるか、それを我々はすでに第一章で感覚を働かせる機械の直接の自然法則として認めたので、もうこれ以上は説明しないでおこう!

こうして、すべての難点は、証明済みである明白な二つの命題に還元される。

(1)すべての感覚器官は魂のさまざまな表象様式にほかならないので、魂は明確な表象のみを、つまり目印のみをもてばよい。魂はこの目印とともに内的言語をもつ。

（2）すべての感覚器官は、とりわけ人間の幼年期の状態では、魂の感触の種類にほかならず、しかし、あらゆる感触は動物的本性の感覚法則に従ってその音声を直接的にもっているので、この触感が一つの目印という明確さに高められさえすれば、外的な言語のための言葉がそこに存在する。どのように自然の叡智が、徹頭徹尾、自分自身で言語を発明するように人間を組織したのかについて、我々はここで特異な考察の数々に出くわす。その主たる発言は以下のとおりである。

「人間が、教えを授けてくれる自然の言語を受け取るのは聴覚を通してのみであり、これなしには言語を作り出すことはできない。それゆえ、聴覚は、ある意味で、人間のさまざまな感覚器官のうち中間の感覚器官、魂に至るための本来の扉、また他の感覚器官を結びつける絆になった」。私の見解を言わせてもらおう！

1　聴覚が人間の感覚諸器官の中間器官だというのは、外部からのものを知覚する可能性の範囲に関してのことである。触感はあらゆるものを自分の内部で、またその器官の中でのみ感じ取る。視覚は我々を自分からかなり遠く離れたところまで放り出す。聴覚は伝達可能性の程度という点で中間に存在している。それは言語にどのような効果をもたらすのか？一つの被造物《いきもの》を想定してみよ。それが理性をもつ被造物《いきもの》だとしても、それにとって触覚が主要感覚器官なのだとしたら（そんなことがありうるなら、だが！）、その世界はいかに小さいだろうか！　また、聴覚によって世界を感じ取らないので、昆虫のように巣を張りめぐらせることはできても、音によって自分のために言語を創ることはないだろう！　はたまた、全身が目であるような生き物―それが熟視する世界は何と無尽蔵であることか！　何と計り知れないほど遠くまで自分の外部に投げ出されてしまうことか！　何という無限の多様性に分散されてしまうことか！　その言語は（我々にはおよそ想像できないが！）果てしなく細かい無言劇《パントマイム》のようなものになり、その文字は色と線による代数学になってしまうだろう―しかし、音の響く言語には決してならないのだ！　我々、耳で聞く被造物《いきもの》は、その中間にいる。我々は見、我々は触れる。しかし、見られ触れられる自然は音を響かせている！　それは音によって言語に至るための師匠になる！　我々は、すべての感覚器官を通して、いわば聴覚になるのだ！

我々がいかに好都合な位置を占めているかを感じてみよう―これによって、どの感覚器官も言語能力をもった状態になる。もちろん、聴覚は実際のところ、さまざまな音をもたらすだけであり、人間は発明することができず、できるのは見出すことだけ、模倣することだけである。しかしながら、片側には聴覚が横にあり、別の側はその隣りの感覚器官である視覚だ。さまざまな感覚は一つのものになり、目印が音の響きとなる領域に近づいてくる。そのようにして、人が見たり触れたりするものが音になることが可能になる。言語に至るための感覚器官は、我々の中間器官に、すなわち結合感覚器官になった。そうして我々は言語生物になったのである。

2　聴覚は、明晰さと明瞭さに関しても感覚諸器官のうち中間の器官であり、したがって、またもや言語に至るための感覚器官ということになる。触覚は、いかに暗いことか！　それは麻痺させられる！　それはあらゆるものが入り混じった状態で感じ取る。そこでは認知するための目印を分離するのは困難である。そのため、触覚が言葉で言い表すのは不可能だ！

視覚は、これもまたあまりに明るく輝きすぎている。それは大量の目印をもたらすため、魂がその多様さに圧倒されてしまい、一つの目印すら漠然としか分離できず、そのため、これを手がかりにした再認識も困難になってしまう。聴覚は、その中間にある。それは、すべてが入り乱れている暗い触覚の目印をそのままにしておく！　あまりに繊細な視覚による目印もそのままだ！　だが、その触れられて眺められた対象から、音がその身を引き剝がすのだろうか？　他の二つの感覚器官の目印が、その中に集まってくる――それが目印となる単語になるのだ！　こうして聴覚は両面によってみずからのまわりにあるものをつかまえる。それは暗すぎたものを明らかにし、明るすぎたものをより心地よいものにする。つまり、触覚の暗い多様性と、視覚の明るすぎる多様性とに、よりいっそうの統一をもたらす。すると、この多様なものの認知が、一つだけのものによって、すなわち一つの目印を通して言語になるので、聴覚が言語の感覚器官ということになる。

3　聴覚は、活発さという点でも中間感覚器官であり、したがって言語に至るための感覚器官である。触覚は圧倒してくるし、視覚はあまりに冷静で無頓着である。前者は、言語になるにしては我々の中にあまりに深く浸透しすぎる。後者は、我々の前にあまりに静かにとどまるばかりである。聴覚による音は我々の魂の中にきわめて親密に入り込んでくるので、それは必然的に目印になる。とはいえ、明らかな目印になれないほど麻痺させる性質のものでもない──これこそが言語の感覚器官である。

もっと粗雑な感覚器官の言語があったとしたら、どれも我々にとっていかに物足りず、疲れさせるものであり、手に負えないものだったことだろうか！　あまりに繊細な視覚の言語など、我々にとっていかに途方に暮れて訳がわからないものになったことだろう？　ポープ[*53]が述べているように、まもなく香り高き死を遂げてしまうことなしに、始終味わったり触《さわ》ったり香りに浸ったりすることなど誰にできるだろう？　また、すぐに失明してしまうことなく色彩クラヴサン[*54]を夢中で見つめることなど誰にできるだろう？　だが、聴くこと、いわば聴きながら言葉を考えることを、我々は長いこと、またいつまでも行うことができる──聴覚は魂にとって、視覚にとっての中間色である緑色に相当する。人間は言語被造物へと形成されているのだ。

4　聴覚は、それが作用する時間という点において中間感覚器官であり、したがって言語に至るための感覚器官である。触覚はあらゆるものをいちどきに我々の内部へ投入する。それは我々の弦を強く刺激するが、それは短く、弾《はず》みがありすぎる。視覚はあらゆるものを一度に我々に提示し、果てしなくさまざまなものが並列している画面《ボード》で初心者を怯《ひる》ませる。聴覚によってであれば、見よ！　言語の女師匠〔である自然〕は我々のことを何といたわってくれることか！　彼女は我々の魂の中に音を一つずつ分けながら与え、与えても決して倦《う》むことはなく、与えてもますます多くの与えるものをもっている——すなわち、彼女はあらゆる教育方法を駆使してくれ、段階を追って教えてくれるのだ！　それでもなお言語を把握できない者などいるのか——？　みずから言語を発明できない者などいるだろうか？

5　聴覚は、みずからを表現したいという欲求の点において中間感覚器官であり、したがって言語に至るための感覚器官である。感触はとても言葉に言い表せず、暗く作用する。ただし、それだけに語られる必要がなく——それだけ我々自身とごく深く関わっているのだ！　それだけに利己的でみずからの中に沈み込んでいるのだ！＝＝視覚は言語発明者にとって、言葉で表すことができない。だが、そもそも、それはすぐ声に出される必要などあるのだろうか？　それらの対象物は動いていない！　さまざまな合図で指し示すことができるのだ！　だが、聴覚の対象は動きと結びついている。それらはかすめつつ通り過ぎていく。しかし、まさにそれによって音を出す。それらは言葉にして言えるようなものだ。それは、それらが発音されねばならないからであり、それらが発音されねばならないゆえに、それらの動きによって、それらは発音できるものとなる——言語に至るための何という能力だろうか！

6　聴覚は、その発展という点において中間感覚器官であり、したがって言語に至るための感覚器官である。触覚は人間そのものである。人生の最初の瞬間にある胎児も、生まれての赤ん坊も、同じように感じる。これは自然の根幹であり、そこから感性の華奢《きゃしゃ》な枝が育ってくる。また、これは縺《もつ》れ合った糸玉であり、そこからさらに繊細な魂のあらゆる力が発達していく。これらはどのように発達していくのだろうか？　我々がすでに見たように、聴覚によってである。自然は音の響きによって魂を最初の明確な感覚へと目覚めさせ―そうしていわば触覚という暗い眠りから目覚めさせて、さらに繊細な感性へと熟させるからだ。例えば、視覚がすでにそれより前に発達した状態でそこにあるとしたら、あるいは、それが聴覚という中間感覚器官によってではなく、触覚を通して呼び覚まされているなどということが可能だとしたら―なんたる賢明な貧困になってしまうことか！　なんたる千里眼をもった愚かさになってしまうことか！　全身が目であるような生物にはいかに困難なことだろうか！　しかも、それが人間だと言い張って、自分に見えるものを命名するなどというのは！冷たい視覚をより温かな触覚と、すなわち人間性の根幹全体と結びつけるなどというのは！―だが、この審級手続き自体が矛盾したものになってしまう。人間性の発達への道のりというものは―もっとよいものであり、ただ一つしかないのだ！　すべての感覚器官が一緒に作用するので、我々は聴覚によって、いわばいつも自然という学校にいて抽象化することを学び、同時に話すことを学ぶのである。視覚は理性とともに洗練され、理性は命名という賜物であり[*55]、また、そうして人間が目に見える現象の最も繊細な特徴を分析できるようになると

—言語や言語に類するものの貯えが何と多くすでにそこに出来上がっていることだろうか！触覚から出発して自分のイメージの感覚器官に至るために彼がとった道は、この言語に至る感覚器官を経由すること以外の何ものでもなく、そうして彼は目に見えるものも触れるものも音にすることを学んだのである。

ここですべてをまとめて、人間の本性と呼ばれる織物を一度に目に見えるようにできるとすれば、それは言語に至る織物そのものである。そのために、我々が見たとおり、この積極的な思考力には活動の空間が与えられていた。そのために素材が厳選され、そのために形が創られ、そのために最後に感覚器官が組織され、配列されたのだ—言語のために！それゆえ人間が考えるのは明るすぎも暗すぎもせず、それゆえ見たり触れたりするのは鋭すぎず、長すぎもせず、活発すぎもしない。それゆえ、彼はまさにこれらの感覚器官をもっているのであって、それ以上でもそれ以外でもない—あらゆるものは相互に釣り合いをとり〈！〉外されたり、補われたりする！　意図をもって設置され、配分されている！　統一と関連！均整と秩序！　一つの全体！　一つの体系！　思慮深さと言語をもった被造物《いきもの》、深慮と言語創造の被造物！　これらすべての観察を終えてなお、言語被造物へのこの使命を否定しようとする者がいるなら、彼は自然の観察者どころか破壊者とならざるをえないだろう！　これまで示されてきたような和声のすべてを不協和音へと引き裂いてしまうのだ。人間の諸力という壮麗な建物を瓦礫《がれき》へと打ち砕き、自分の感性を荒廃させ、自然による傑作の代わりに、欠陥だらけで穴だらけ、弱さと痙攣ばかりの被造物を感じることしかなくなってしまうのだ！　だがしかし、その一方で、言語が前述の被造物〔いきもの〕の基本構造と重量感に従って成立せざるをえなかったのとまったく同様のものでもあるとしたら――私は後者の証明に入っていこう。ここで、もう一つ、聴覚による言語が他の感覚器官の言語と比べて、どのような利点と快適さを我々に対してもっているか〈？〉を、ズルツァーの快楽理論[*56]の規則に従って評価するという、とても快適な散歩が残っているが――しかし、この散歩はあまりに遠出になってしまうだろう。それに、安全にしたり正したりしなくてはならない大通りがまだずっと先まであるのだから、散歩はあきらめなくてはならない。――そこでまず、

Ⅰ「言語が古く初源的であればあるほど、感覚器官からの類推はそれらの語根において顕著になる！」

我々は、あとからできた言語において、怒りを視覚の現象として、あるいは抽象概念として、語根の中で特徴づけている。例えば、目がぎらつくこと、頬が燃えることなどを通してであり、したがってそれを見たり考えたりするだけである。これに対して、オリエント人はそれを聞くのだ！　それが荒い鼻息をたてるのを聞く！　それが燃え上がる煙や嵐のように起きる火花をまきちらすのを聞く！　これがその語の名となった。鼻が怒りの座となり、怒りの語群と怒りの隠喩すべてが、その起源を荒い鼻息をたてることで表している。

我々にとって生命は、脈拍を通して現れ、言語においても感情の沸き立ちや洗練された目

印を通して現れる。これに対して、それはオリエント人には音声を呼気とともに放ちつつ、みずからを啓示した。人間は呼吸をしているときには生きている。息を吐き尽くしたとき、人間は死んだ。そして、この語根は最初に生命を与えられたアダムが呼吸しているかのように聞こえる。

我々は分娩を我々のやり方で特徴づけているが、オリエント人はいろいろな名称においても母親の不安の叫びを聞き、動物に関しては胎嚢の中身を振り出す音を聞いている。この中間観念に、それらの比喩表現は関係しているのだ！

我々には、朝焼け〔モルゲンロート〕という言葉の中に、例えば美しいもの、輝かしいもの、爽やかなものがぼんやりと聞こえてくるが、日出ずる地《オリエント》で待ちこがれる旅人は、その言葉の根に、おそらく我々の誰一人として見たことがなく、少なくとも肌で感じたことのないような、朝一番のまばゆく喜ばしい光線を感じている。――古く野生的な諸言語がいかに心から強く感じ取りつつ、聴覚と触覚によって特徴づけをしているか、それを示す例は数えきれないほど多くある。また、こうした諸観念の基本感情をさまざまな民族のもとでかくも適切に探し求める類いの著作は、私の命題にとって完全な例証となるし、言語の人間による発明に関してもそうなるだろう。

II 「言語が古く初源的であればあるほど、語根においてさまざまな感触が交差している！」

どれでもよいので手近なオリエント語の辞書を開けてみよ、すると、みずからを表現したくてたまらない、という衝迫を見出すだろう。〔言語の〕発明者は、一つの感触からいかにさまざまな観念を引き離し、別の感情のために借用したことか！　きわめて重く、きわめて冷たく、きわめて明瞭な感覚諸器官から、彼はいかにその大半を借用したことか！　すべてのものは、表現となるために、いかにさまざまな感情と音声にならざるをえなかったことか！　語根の中の強く思いきった隠喩の数々はそのためのものだ！　感触から感情への置き換えはそのためのものであり、その結果、一つの基幹語と、さらに派生語のさまざまな意味は、相互に対置されると、実に雑多な色の絵画となる。その発生の原因は、人間の魂の困窮にあり、また未開の人間における諸感覚の合流にある。みずからを表現したいという欲求は実に明らかにわかる。その度合いは、感触と感覚における音から観念が遠く離れていればいるほど、どんどん大きくなるのがわかる。その結果、言語の起源の人間的性格を疑う必要はもはやなくなる。他の成立を擁護する者は、これらの語根における諸観念の織り混じり具合いをどのように説明するつもりなのだろうか？　神があまりに観念にも単語にも乏しかったので、こうした混乱を起こさせるような言葉の使用へと避難しなくてはならなかったのだろうか？　それとも、神があまりに誇張表現や辻褄の合わない隠喩の大変な愛好家だったので、この精神を自分の言語の基礎となる根にまで刻み込んだのだろうか？

神的な言語と言われているヘブライ語は、この思いきった表現に徹底的な影響を受けており、日出ずる地《オリエント》もみずからの名によってそれを表すという栄誉をもっている。ただし、この隠喩の精神を他のどこでも見当たらないかのようにアジア的などとは言わないように！　それはあらゆる野生的な言語の中に生きている。ただし、もちろん、どの言語においてもその国民の発達段階の程度と彼らの思考方法の特質次第ではあるが。ある民族は自分のさまざまな感情をそれほどはっきりとは区別せず、ある民族は自分を表現する気が十分になく、また、いろいろな表現を積極的に奪い取ってこようとする気もなく──感情のニュアンスのことでさほど戸惑うことなく、あるいは、あたりさわりのない生半可な表現で間に合わせるだろう。炎のように情熱的な国民は、オリエントに住んでいようが、北アメリカに住んでいようが、自分たちの勇気をそうした隠喩で表す。しかし、きわめて深い奥底においてこれらの隠喩の転用の例を最も多く示している国民の言語は、まずは最も乏しく、最も古く、最も初源的な言語であり、これは疑いなくオリエントにあった。[57]

これでわかるだろう、そのような言語の場合、真の語源辞典というものがいかに困難であるかが。ある語根のさまざまな意味は一つの系統図の中で導き出され、それらの起源に遡ることができるはずのものだが、それらは非常に暗い感情や、一時的な付随観念や、さまざまな共感覚を通してのみ親類関係がある。これらは魂の奥底から立ち昇るもので、規則によってはほぼ把握されえない！　さらに、それらの親類関係は非常に民族的であり、その民族の、すなわちその発明者による、その国、その時代、その状況における独自の考え方やものの見方次第なので、それらが北欧および西欧の諸国民によって適切に把握されることは果てしなく難しく、長たらしく冷淡ないくつもの書き換えによって果てしなく損なわれてしまう。さらに、それらは必要に迫られて、強い興奮の中、感情の中、表現に戸惑う中で発明されたので――一つの同じ感情を適切に捉えるには、いかなる幸運が必要だろう？　そして最後に、このような辞書には、非常に異なる時代や機会や思考方法による、さまざまな語彙が、また一つの単語のさまざまな意味が集められるべきであり、そのため、これらの瞬間的に定義されたものが無限に増大していくので――その苦労たるや幾倍になることか！　これらの状況や窮境に精通するのは、いかに鋭い洞察力だろうか、また、さまざまな異なった時代の解釈において節度を保つというのは、いかなる抑制力だろうか！　これほど完全に異質な時代の野生の機知、この大胆な空想、この国民感情を十分に理解し、それを我々の時代に合わせて現代化するには、いかなる見識と魂のしなやかさが必要だろうか。だが、まさにそれによって、その国の歴史や思考方法や文学にだけでなく、さまざまな概念が交錯して絡み合うところ、すなわち人間の魂の暗い領域そのものに松明〔たいまつ〕が持ち込まれたのだ！　そこでは、まったく異なるさまざまな感触が互いを生み出し合い、そこでは一つの切迫したきっかけが魂の諸力すべてを発揮させて、魂に可能なすべての発明技術を示している。そうした作品では、その歩みの一つ一つが発見だろう！　また、一つ一つの新たな気づきが言語の起源の人間的性格に関する完璧きわまりない証明だろう。

スクルテンス[*58]は、ヘブライ語のいくつかのそうした起源の説明に関して名声を博した。その説明はいずれも私の原則の具体的な証拠である。しかし、多くの理由から、最初の人間の言語がヘブライ語だったとしても、その起源〔Origines〕が完全に説明されうるなどとは思わない——もう一つ別の推論をしてみる。これはあまりに普遍的で重要な見解なので、見過ごすわけにはいかないのだ。大胆な単語の隠喩の基礎は、最初の発明の中にあった。だが、どのように？　それからずっとあとになってからであれば、すでにあらゆる必要が存在しなくなってからであれば、ただ模倣したくてたまらない気持ちや古代への愛情からだけで、このような種類の単語や比喩表現がそのまま残るだろうか？　あるいは、さらに拡張されたり高められたりするだろうか？　だとしたら、あぁ、そうだとしたら、最初には実際に存在しなかったはずの崇高なる無意味《ナンセンス》や誇張された言葉遊びになってしまう。そこにあったのは、いちばん戯れているように見えたときに戯れるつもりがまったくなかったであろう大胆で男性的な機知だったのだ！　そうした感情をそのような言葉を用いて浮き彫りにしたのは、生々しく崇高な空想だった。だが、今や気の抜けた模倣者たちが使っており、当時の感情もなく、状況もない―あぁ！　精神なき言葉の空の小瓶《アンプル》*59だ！　また、これは最初の形式が非常に大胆だったあらゆる言語にとって、後世における運命だった。後世のフランスの詩人たちは極端に走ることができない。なぜなら、彼らの言語を最初に発明した者たちが極端に走らなかったからである。彼らの言語はすべて健全なる理性の散文であり、もともと詩人特有の詩的な言葉はほとんどなかった。だが、オリエント人は？　ギリシア人は？　イギリス人は？　そして、我々ドイツ人は？

　結論は次のとおりである。ある言語が古ければ古いほど、こうした大胆な表現がその基根に多くあればあるほど、その言語は長く生き延びたし、長期にわたって発展形成を続けた。

そうであればあるほど、これらの交錯した諸概念がのちに使用されるたびに起源における大胆な表現までそのつど含み考えられていたかのように、それらの表現の一つ一つを穿鑿する必要はない。最初の隠喩は、話したい、という抑え難い衝動だった。それを、のちにその言葉がすでに一般的になり、その鋭さが摩耗してしまった場合でも、そうした奇妙な事柄すべてを結び合わせるための生産力と活力として用いてみるなら――オリエントの言語のあらゆる学派は、いかに貧弱な例で溢れていることか！

もう一つ。そうした大胆な言葉の闘いや、さまざまな感情をある一つの表現に置き換えることや、規則や規範のないさまざまな観念の交錯に――ある一つの教義やある一つの体系の特定の洗練された諸概念が貼りついて――あるいは、そこに付着されでもしたら――あるいは、そこから調査されるなどということがあろうものなら――とんでもない！　今生成しつつある、あるいは早くに形成された言語のこれらの言葉の試みが、ある一つの体系の定義だったことなどほぼないし、発明者や後世の用法が考えもしなかったような言葉の偶像[*60]を創り出すという事態に至ることがいかに多いことか！――しかし、このような見解は際限がなくなってしまうので、新しい法則性に進んでいくことにする。

III　「言語が初源的であればあるほど、こうした感触が言語の中で交錯していればいるほど、これらは正確かつ論理的に相互の従属関係には置かれていない。言語には同義語が豊富である。本質的に貧弱であるとしても、不必要なものを豊かにもっている」。

神的起源の擁護者たちは、あらゆるものの中に神の秩序を見出すことに長《た》けているが、ここではそれを見つけることは困難であり、同義語を否定している。#—否定するだって？ よし、わかった、彼らの言うとおりにしておけばいい。アラブ人がライオンを表すためにもっている五〇語のあいだには、ヘビを表すためにもっている二〇〇語のあいだには、蜂蜜を表すのにもっている八〇語のあいだには、また、剣を表すためにもっている一〇〇〇以上の単語のあいだには、繊細な区別がある、いや、あったのだが、今や失われてしまったようだ—失われざるをえなかったのであれば、なぜ存在したのか？ アラブ人が言うには神の預言者しかその全体を理解できないような、不必要な語彙をなぜ神は発明したのか？ 神は忘却という名の虚空の中に発明したのだろうか？［———］しかし、単語がむしろ足りないほど多くの他の観念のことを考慮すると、比較の結果、これらの言葉はやはり同義語である—それなら神の秩序を次の点に関して説明してみたまえ。言語の設計図を見渡したはずの神が、石を表すのに七〇の単語を作り出しておきながら、きわめて必要な諸観念や内面的感情や抽象概念のためには単語を一つも発明していない、という点はどうか？ また、神が前者の例では無駄な豊富さを積み重ね、後者の例では盗んだり、隠喩を横領したり、半ば無意味なことを語ったり、といったことをせざるをえなくなるような、きわめて重大な欠乏をそのままにしている、ということに関してはどうなのか。

#　ズュースミルヒ、第九節。

人間的には、この事柄はおのずと明らかになる。難しかったり稀だったりする観念は本来表現される必要がなかったが、それに対して簡単なものや目の前に存在するものはそれだけ表現される可能性が頻繁にあった。自然について未知であればあるほど、多くの面から自然を凝視しても未経験さゆえに再認識できなければできないほど、先験的《アプリオリ》に発明できないぶん感性的な状況に従って発明すればするほど、それだけ同義語は増えたのだ！　多くの人数で発明すればするほど、あちこちさまよいながら別々に発明すればするほど、たいていは一つの地域で同じ事柄のために発明し、その彼らがのちに合流して、彼らの言語が語彙集という大海の中へと流れ込んだとき、それだけ同義語は増えたのだ！　それらはいずれも投げ捨てられることはなかった。というのも、どれがそうされるべきだというのか？　この部族のもとで、この家族のもとで、この詩人のもとで、それらは役に立つものだった。したがって、かのアラビア語辞書の執筆者が述べているように、悲惨を表す四〇〇の単語を数え終えたとき、悲惨という単語を数え上げなくてはならないこと〔自体〕が四〇一個目の悲惨になったのである。こうした言語が豊かなのは、乏しいからであり、乏しくする計画すら発明者が十分にもっていなかったからである――それなのに、このきわめて不完全な言語を暇にまかせて発明したその張本人が神だというのだろうか？

すべての野生的な言語からの類推が私の命題を裏づける。どれも、それぞれのやり方で、溢れるほど豊かで、かつ貧弱である。ただし、それぞれ独自の流儀によってではあるが。アラブ人が石、ラクダ、剣、ヘビ（彼がそれに囲まれて暮らしている物！）を表す多くの単語をもっているように、セイロンの言語はその民族の性質《たち》に応じて、お世辞や肩書きや美辞麗句に富んでいる。〈奥方〉という言葉を表すのに身分や地位に応じて一二種類の言い方がある。我々、無礼なドイツ人は、例えばこの言葉に関しては我々の隣人たちから借りてこなければならないというのに。身分や地位に従って、〔相手に呼びかける〕二人称には八種類ある。そして、これは日雇い人によっても、宮廷の臣下によっても使い分けられる。雑然さがこの言語の姿なのだ。シャムでは、主人が下男と語るのか、あるいは下男が主人と語るのかに応じて、一人称に八種類の方法がある。未開のカリブ人の言語は、女言葉と男言葉という二つの言語にほぼ分けられており、ごく普通のもの、寝台、月、太陽、弓といったものも男女で異なった呼び方をする—何と過剰な同義語だろう！　ところが、あろうことか、このカリブ人は色に関してはただ四つしか単語をもっておらず、それらを他のすべての色を表すのに用いなくてはならない——ヒューロン人は、魂が吹き込まれているものと、魂が吹き込まれていないものを表すのに、常に動詞を二重にもっている。その結果、「一つの石を見る」ときと、「一人の人を見る！」場合の〈見る〉は、常に二つの異なる表現なのだ—このことを自然界すべてにわたって追求してみたまえ—何という豊かさだろうか！　「自分の所有物を使う」、あるいは話している相手の所有物を使う」は、常に二つの異なる言葉である—何という豊かさだろう！—ペルーの主要言語では、男性と女性が非常に風変わりな仕方で互いを区別して呼んでいる。その結果、男兄弟にとっての姉妹と、女兄弟にとっての姉妹、男親にとっての子供か、女親にとっての子供かで、まったく違う呼び方をする。しかしながら、あろうことか、この言語には真の複数形がないのだ！—これらの同義語のいずれにも、その民族の慣習や性格や起源が密接に関連している。だが、あらゆるところでその特徴を示しているのは、発明する人間の精神である。—新しい規範は次のとおりだ。

IV「人間の魂は、感覚器官をそなえもったり、それらを目覚めさせたりすることなしには到達しなかった抽象概念を霊の国から想起することはできない。それと同じように、いかなる言語も、それが音や感情なしには到達しなかったような抽象名詞をもっていない。また、言語がより初源的であればあるほど、抽象化は少なく、感情が多い」。私はこの果てしない野原で、またしても花を摘むことしかできない。

オリエントの諸言語の構造すべては、それらの言語のあらゆる抽象名詞がそれに先立って感性的なものだったことを示している。霊は〈風〉であり、〈息吹き〉であり、〈夜の嵐〉だった！　聖であるというのは〈隔離された〉あるいは〈孤独な〉という意味であり、魂は〈呼気〉を意味した。怒りは〈鼻を鳴らす荒い息〉であり、等々。したがって、さらに一般的な諸概念は、あとになってからようやく抽象化、機知、想像力、比喩、類推、等々を通して付け加えられた—言語の深淵の最深部には一般概念は一つとして存在しないのである！　すべての未開人のもとで、同じことが文化の程度に応じて起きている。バラントーラの言[*61]語は聖であるという語〉を知らず、ホッテントットのもとでは霊という言葉が見当たらなかった。あらゆる地域の宣教師たちはキリスト教の諸概念を未開人たちに彼らの言語で伝えることの難しさを嘆いているが、伝えようとした内容はスコラ学的教義学などでは決してなく、普通の意味でのありふれた概念にすぎなかったという。この未開人たちのもとでの講話の実例を、例えばラップランド語、フィンランド語、エストニア語といった、あまり発展形成されていないヨーロッパ言語の翻訳でいろいろ読み、それから、これらの民族の文法や辞書を見ると、その困難さは歴然とする。

宣教師たちを信じたくないというのであれば、〔次の〕哲学者たちの著作を読むがいい。ペルーやアマゾン流域にいたド・ラ・コンダミーヌ、ラップランドにいたモーペルテュイ、等々。時間、継続、空間、本質、素材、物体、美徳、正義、自由、謝意──〔これらの言葉は〕ペルー人たちの口からは出てこない。ただし、彼らは理性を用いて、これらの概念に応じて推論していることをしばしば示しているし、行動によって彼らが美徳をもっていることを示している。彼らがそうした観念を自分に対して目印として明確にしないかぎり、それについての言葉も存在しないことになる。

したがって、このような言葉がどこで言語の中に入ってきたかを見れば、その起源が明らかになる。ロシアの国民の教会用語は、たいていギリシア語である。ラトビア人のキリスト教概念は、ドイツ語か、ドイツ語の概念がラトビア語化されたものである。メキシコ人は、憐れな罪人〔つみびと〕を表現しようとするとき、跪《ひざまず》いて秘密告解をしている男として描き、三位一体《ニンブス》は光輪のある三つの顔として描く。たいていの抽象概念がどのような経路をたどって我々の学術的言語に、すなわち神学や法学、哲学やその他の中に入ってきたのかは周知のとおりである。スコラ哲学者たちとその論客たちが自分たちの言語の言葉では論争することさえできなかったということがいかに頻繁に起きたかも周知のとおりだ。それゆえ、論争のための武器である実体《ヒユポスタシス》や本質《ズブスタンツ》、同質《ホモウーシオス》〔ομοουσιος〕や相似《ホモイウーシオス》〔ομοιουσιος〕を、それらの概念がすでに抽象化されている言語、つまり、それら論争の武器が鋭利にされていた言語から取り寄せざるをえなかったのだ！　心に関わる我々〔ドイツ〕の学問全体がどれほど繊細なものになり、規定されていても、固有の言葉は何もない。

　これはまさに真実であり、自然からの、あるいは天国や地獄から得た新たな秘密を、比喩や感性的な表象によらずに特徴づけることなど、熱狂者や恍惚状態の者にすら不可能である。スヴェーデンボリ[*62]は天使や諸霊をあらゆる感覚器官を駆使しなければ嗅ぎ取ることができなかったし、彼の最大のアンチテーゼ〈！〉である崇高なるクロプシュトック[*63]は彼の天国と地獄を感性的素材を用いて築き上げるほかなかった。黒人は自分の神々を木々の梢《こずえ》から下へと嗅ぎ寄せ、シングー人[*64]は森で枝がぶつかり合う音に悪魔を聞き取る。これらの抽象化のうちのいくつかを、さまざまな民族や、さまざまな言語に関して追跡した結果、私は人間の精神のきわめて特異な発明の技巧に気づいた。その対象はあまりに大きすぎる。しかし、その基本は常に同じである。未開人が、この物には霊が宿っていると考える場合、そこには彼が霊を抽象化するための何か感性的なものがあるはずだ。ただし、この抽象化には、非常に異なった種類、段階、そして方法がある。［――］いかなる国民も、彼らが抽象することを習い覚えた以上の、あるいは、それ以外の単語を自分の言語にもつことはない。その最もわかりやすい例は、疑いなく非常に容易な抽象概念、すなわち数詞である。たいていの未開人は、彼らの言語がいかに豊かで優れていて発達したものであっても、何とわずかしか数詞をもっていないことか！　彼らが必要としていた以上には決してないのだ。交易するフェニキア人は算術を発明したまさに最初の者だが、自分の群れを調べる牧人もまた、数えることを身につける。多くの数を扱う作業がまったくない狩猟民族は、軍隊を頭の毛のように名づけることしかできないのだ！　誰がそれを数えたりするだろうか？　そこまで数えたことがまったくない者が、そのために言葉をもっているとでもいうのだろうか？

変遷しながら言語を創造し続ける精神のこれらの足跡から目を逸《そ》らして、起源を雲の中に探し求めることなど可能だろうか？　神のみが発明できた言葉を、ただ一つでも証明できるというのか？　何らかの言語の中のどこに、人間に天から訪れた純粋な普遍的な概念などというものが、一つでも存在するのだろうか？　そもそも、それはどこで可能だというのか？#―また、人間の魂の中での、人間の感覚器官やものの見方に即した、言語の起源に関しては、いかに無数の理由、類例、そして証明があることか！　すべての民族と世界の諸地帯やさまざまな状況のもとで、言語が理性とともに前進したことや、言語が理性から発達したことについては、いかに多くの証明があることか！　諸国民に普遍的なこの声が聞こえないとしたら、それはいったいどんな耳なのだろう？

〔# この問題に関して私が知っているかぎりで最も優れた論文は、あるイギリス人によるものである。『自然的かつ人間的な事象との類推によって認められる神的かつ自然的な事象』ロンドン、一七三三年〔初版には「一七五五年」と印刷されているが、清書稿でのヘルダー自身による書き込みでは「一七三三年」〕。『人間の理解力の手続き、範囲および限界』の著者による。〕

ところが、驚いたことにズュースミルヒ氏はまたしても私と遭遇し、#私がいたって人間的な秩序を発見するのと同じ道筋で神の秩序を見出している。「今のところ、芸術や学問に不向きな言語は見つかっていないということ」、これが明白に示すのは、どの言語も家畜的ではなく、それらすべてが人間的だということ以外の何なのか？ 芸術や学問にまったく不向きな人間など、どこで発見されたことがあるというのか。それは奇蹟だったと？ 何といっても彼は人間だったのだから、きわめて普通のことではなかったのか？ 「宣教師たちは皆、きわめて未開な民族と話をして、彼らを納得させることができた。これは推論や根拠なしには起こりえなかった。したがって、彼らの言語は抽象語〔termini abstracti〕を含んでいたはずだ、云々」。もしそうであれば、それが神の秩序だったのだろうか？ 必要だったときに自分のために言葉を抽象するというのは、まさしくきわめて人間的な事柄だったのではないか？ どの民族が、自分自身で獲得したのではないような抽象概念を一つでも自分の言語の中にもっていたことがあるだろうか？ そもそも、どの民族のところにも同じくらいの数の抽象概念があったのだろうか？ 宣教師たちは自分たちの〔言いたい〕ことをどこでも同じくらい容易に表現できたのだろうか。その反対のことを、全大陸からの報告で読んできたのではないか？　彼らが自分たちの新しい諸概念をその言語の類推に従って曲折させるのでなかったら、いったい彼らはどうやってみずからのことを表現したというのか？　また、これは至る所で同じやり方で起こったというのか？——この事実に関しては、言うべきことがまだたくさんあるだろう！　だが、推論はまさにその正反対のことを述べている。まさしく、人間の理性は抽象概念なくしてはありえず、いかなる言語も抽象概念なしにはありえない。それゆえ、どの民族においても言語は抽象概念を含まざるをえない。すなわち、言語は理性の道具として、理性の写しであらざるをえない。しかし、いずれの言語も、その民族が作り出すことができた以上のものは含みえず、感覚器官なしに作られるような言語は一つとしてなく、そのことは根源的に感性的な表現が示している。こうして、言語がかくも完全に人間的であるということのほかには、どこにも神の秩序は見つけようがない。

＃第一一節。〔初版では、この文の末尾に注が付され、節数は示さずに「ズュースミルヒ」と注記されている〕

Ｖ　最後に、「いかなる文法も言語についての哲学にすぎず、その語法であるから、言語が初源的であればあるほど、文法はわずかしかないはずである。また、最古の言語は、先に示した自然の語彙集にすぎない！」　ここで私はいくつかの段階的な展開を素描してみることにする。

〔1〕語形変化と活用変化は、数、時制、話法、あるいは人称に従って名詞〔Nomina〕と動詞〔Verba〕を使用する際の短縮や諸規定にほかならないのではないか？　したがって、ある言語が粗野であればあるほど、これらの規定は不規則になり、また、一つ一つの段階が人間の理性の歩みを示している。背後に〔文法という〕使用術がなければ、その言語は単純な語彙集である。

〔2〕言語にとって、動詞〔Verba〕はそれらから完全に抽象された名詞〔Nomina〕よりも先に存在するが、同様に、はじめは諸概念を相互に秩序づけることができなければできないほど、動詞の活用変化がそのぶん多くあった。オリエント人はどれだけ多くもっていることだろうか！　しかし、実際のところは一つもない。というのも、動詞を活用変化から活用変化へと移したりひっくり返したりする例がどれだけあることか！　この事柄はごく自然である。自分が物語ろうとすること、すなわち行為、活動、出来事ほど人間に密接に関係するものはなく、少なくとも言語の点でかくも人間の関心を惹くものはないので、そもそも大量の行為や出来事が集積したに違いない。その結果、ほぼあらゆる状況に対して新たな動詞が生じることになる。「ヒューロン語では、すべてが活用変化する。説明することのできないような技術によって、そこでは動詞から名詞、代名詞、副詞が区別される。単純な動詞には二重の活用変化がある。一つは自分自身のため、もう一つは別の事物に関することのためである。三人称には二つの性がある。時制〔Tempora〕に関しては、例えばギリシア語に認

められるような微妙な区別が見られる。旅についての話をしようとする場合、陸路で行ったか水路で行ったかによって違う表現をする。能動態〔Activa〕は、その行為によって起きる事柄が多くなるごとに増えていく。食べるという言葉は、それぞれの食物ごとに変化する。魂が吹き込まれたものは、魂のないものと違う表現をされる。自分自身のものを使用するのと、自分が話している相手の所有物を使用するのには、二通りの表現がある、云々」。動詞、話法〔Modi〕、時制、人称、状態、性など、これらすべての多様性を考えてみよ。これをある程度まで整理するのは何という骨折りと技術だろうか？　全体が語彙集だったものから、ある程度まで文法を作り出すとは？——レリ師によるブラジルのトピナンブ族の文法は、まさに同じことを示している！——というのも、人間の魂の最初の語彙集は音を鳴り響かせて行為する自然の生き生きとした叙事詩だったが、同様に、最初の文法はこの叙事詩をさらに規則的な歴史にしようとする哲学的試み以外の何ものでもほとんどなかったからである。したがって、文法は多くの動詞に携わって働き疲れ、混沌《カオス》の中で働くことになるが、詩芸術にとっては無尽蔵であり、さらに秩序づけられると歴史を規定するのに非常に豊かである。とはいえ、公理と実証に役立つのは、いちばんあとになってからのことだ。

〔3〕自然の音の響きを直に模倣しつつ、それに従って言葉ができた。つまり、それは過ぎ去ったものに従って生じた。したがって、過去形〔Praeterita〕は動詞〔Verba〕の根幹であるが、それはまだほぼ現在のこととみなされるような過去形である。先験的《アプリオリ》には、この事実は奇妙で説明し難い。というのも、現在という時制が最初の時制であるはずであり、のち

に形成された諸言語では実際そのようになっているからである。だが、言語の発明の歴史に従えば、それ以外ではありえなかった。人は現在《いま》を指し示す〔ことができる〕が、過去は物語らなくてはならない。そして、人間はそれを非常に多くの方法で物語ることができるが、はじめは言葉を見つけたいという欲求から多様な方法で行わなくてはならなかったため、あらゆる古い言語では、過去形はたくさんあるが、現在形〔Praesens〕は一つあるか全然ないかのいずれかである。さらに形成が進んだ時代の詩芸術と物語はそれを非常に喜んだが、哲学はほとんど歓迎しなかった。なぜなら、哲学は混乱させるような言葉の貯えを好まないからである。—この点では、ヒューロン人も、ブラジル人も、オリエント人も、ギリシア人も同様である。至る所に人間精神の足跡があるのだ！

〔4)〕近代のあらゆる哲学的言語は、名詞〔Nomen〕をより繊細に、動詞〔Verbum〕はそれほどでもないが、しかしさらに規則的なものに変更させた。というのも、言語はむしろそこにあるものや、そこにあったものの冷静な観察へと成長したからだ。その結果、そこにあった何らかのものに関する不規則で口ごもったような混ぜものにとどまることはなかった。近代人は、このような順を追って述べるということ、つまり数〔Numeros〕や冠詞や格〔Casus〕などによって規定することに慣れたのである。古代の発明者たちは、あらゆることを一度に言おうとした。[#*65] 何がなされたかだけでなく、誰がそれをしたのか、いつ、どうやって、また、どこでそれが起きたのか。それゆえ、彼らは名詞〔Nomina〕の中には状態を、動詞の人称の中には性〔Genus〕をすぐさま持ち込んだ。彼らは接頭辞と接尾辞

〔prae- und afformativa〕、すなわち接辞〔af- und suffixa〕によってすぐさま区別をした。動詞と副詞〔Adverbium〕が、動詞と名詞が、そしてそのすべてが合流した。後代になればなるほど区別がなされ、一つ一つが数え上げられた。気音は冠詞になり、頭辞は人称になり、前辞は話法〔Modus〕や副詞になった。話し言葉の各部分は別々に流れていった。そして、だんだんと文法ができてきた。そのようにして、この語る技法、言語に関する哲学が、徐々に一歩一歩、何世紀もの時代を経て形成されてきた。また、文法の真の哲学、「語る技法！」について考える最初の頭脳の持ち主は、きっと、まずみずからの歴史を、諸民族を通じて、段階を下って考え抜いたに違いない。我々にもそのような歴史があればよいのに！　そうしたら、その歴史はありとあらゆる進展や逸脱によって言語の人間的性格を示す地図となるだろうに。

＃　ルソーは、この命題を彼の仮説の中でもたらした〔初版では「予言した」〕が、私はここでその正しさを証明し、さらに規定する〔初版では「規定し、証明する」〕。

〔5〕だがしかし、一つの言語がまったく文法なしでどのようにして存続できたのだろう？　さまざまな形象や感覚の、関連も規定もない単なる合流なのに？　どちらに対しても配慮はすでになされていた。それは生ける言語だった。そこでは、さまざまな身振りの大いなる合致が、拍子のごときものを生み出し、またそれが属する範囲を生み出した。また、語彙集そ

のもの中にある非常に豊富な諸規定は文法の技法を補った。メキシコ人たちの昔の文字を見よ！　彼らはおびただしい形象を一つ一つ描いている。形象が思いつかないときには、彼らは個々の線について合意したが、あらゆるものが属し、それらが予告される根拠となる世界があらゆるものへの関連を生み出さねばならない。この個々の記号から関連を推測するという予知技術―聾啞者が個々にどの程度それを行うことができるというのか！　この技法自体が言語の一部であるのなら、幼少期から言語としてともに学ばれるのなら、それが諸民族の伝統とともにますます容易になっていき、完成されていくのなら、不可解なことは何もない――しかし、それが容易にされていけばいくほど、そのぶんますます衰退していき、そのぶんますます文法が増えていく―これが人間精神の段階的進行なのだ！

その実例は、例えばシャムの言語に関するラ・ルベールの報告である。それは、とりわけ、後代さらに多くのものがそこから入ってくる以前だというのに、オリエント諸国語の関連の仕方に、いかになお似ていることか。シャム人が言わんとするのは「私がシャムにいるとしたら、私は心満たされるだろうに！」そして、述べるのは「もし、私、いる、町、シャム。私、心地よい、心、たくさん！」―彼は主の祈りを唱えようとするが、口にしてしまうのは「父、私たちにある、天！　名前、神の、求める、聖とする、至る所、云々」―これは何とオリエント的で初源的なのだろう？　まさにメキシコの象形文字のように関連づいている！　あるいは、他の言語圏から来た飲み込みの悪い者たちが片言で話すのと同じようだ！

［6)］ここで、もう一つ奇妙なことを説明しなくてはならない。私が見たところ、ズュースミルヒ氏の神的秩序においても誤解されているのだ。「すなわち、わずかな分節〔アーティキュレーション〕の違いによる語義の多様性だ！」私はこの技巧をほぼすべての未開人たちのもとに見出す。例えば、ガルシラーソ・デ・ベーガがペルー人について、コンダミーヌがブラジル人について、ラ・ルベールがシャム人について、レスネルが北アメリカ人について引き合いに出しているとおりである。私はそれをまた古い諸言語、例えば中国語やオリエント諸言語、特にヘブライ語の中に見出す。ヘブライ語は、ごくわずかな音の響き、抑揚《アクセント》、気音が意味全体を変えてしまう。そこに私が見出すのは、非常に人間的なもの以外の何ものでもない。すなわち、発明者の困窮および快適さだ！　彼らは新しい言葉を必要としていた。また、空っぽの頭からひねり出して発明するのは非常に大変なので、彼らは一つだけの気音を変更すれば済む似たものを使ったのだろう。これは倹約の法則であり、当初彼らの錯綜した感情のもとではごく自然であり、彼らは単語を力強く発音していたので、まだかなり心地よいものだった。だが、幼いときから耳がそれに慣れていないよそ者にとっては、この言語が半ば口の中にとどまったまま鈍重な響きの摩擦音で語られると、この倹約と困窮の法則が話を聞き取りにくくし、かつ発音できないものにする。健全な文法が諸言語の中に経済性を取り入れれば取り入れるほど、この乏しさは不要になっていく――したがって、神的発明の特徴とはまさに正反対である。その場合、そうしたものが必要だったときに発明者は自力ではどうしていいかわからなかったことだろう。

〔7〕最後になるが、理性を通しての言語の進展や言語を通しての理性の進展は、すでに言語が数歩でも歩みを進めたとき、その中に芸術の、例えば詩の断片がいくらかでも存在するとき、文字が発明されたとき、文書の種類が次々と形成されていくとき、きわめて明らかになる。そこで進歩があり、新しい言葉が発明されて、新しい適切な形式が進展できるところには、人間の魂の痕跡がある。そこに詩を通して、韻律や、きわめて強烈な言葉や色彩の選択、比喩の秩序や躍動が生まれる。そこに歴史を通して、時制の区別、表現の厳密さがもたらされる。そこに最終的に雄弁家たちを通して、均整のとれた複雑な複合文の完全な形が言語の中に現れる。こうした付加物は、いずれも以前は同じようなものがなく、今や人間の魂を通してすべてもたらされ、またもたらされることが可能になったものである。この産出行為、この生産性のどこに限界を設けようというのか？　どこで言い張るつもりなのか、ここで人間の魂が作用し始めた、しかしその前は作用していなかった、などと？　それはきわめて洗練されたもの、きわめて困難なものを発明することができた。それなのに、なぜ最も容易なことはできなかったのか？　その始まりは、理性の記号としてただ一つの言葉を作り出すこと以外の、いったい何なのか。また、人間の魂は、その内奥で盲目かつ口のきけない状態だったとしても、理性を実際に所有していたかぎり、この生産を行わざるをえなかったのである。

人間的言語の発明の可能性は、私が述べたことによって、すなわち内的には人間の魂から、外的には人間の生体組織とすべての言語から、また民族の類推から、一部分はあらゆる語りの構成要素において、また一部分は言語が理性とともに進展する全過程において、十分に証明されたと自負している。その結果、人間に理性がないと言ったりしない者、あるいは同じことだが、理性とは何かを知っている者、また言語の諸要素について哲学的に考えたことのある者、さらには地上の諸言語の状況と歴史を観察者の目で考慮した者、そういった者は、私がこれ以上言葉を費やさずとも、ただの一瞬たりとも疑うことはないだろう。人間の魂におけるその発生は、何かしらの哲学的証明と同じく実証的であり、また、あらゆる時代や言語や民族の外見的な類推には、歴史上のきわめて確実な事柄の可能性と同じ程度の蓋然性がある。しかしながら、あらゆる反論を防ぐために、また、この命題をいわば外見として哲学的真理と同じように確実にするために、あらゆる外的な状況や人間性の類推全体から次のことをもう少し証明することにしよう。人間は自分の言語を自分で発明せざるをえなかったのか？　また、どのような状況において最も適切に自分で発明することが可能だったのか？

第二部

人間は自然な能力に委ねられてみずから言語を発明せざるをえなかったのか？
または
どのような状況において最も適切にそこに至ることができたのか？[*1]

自然はいかなる力もいたずらに授けたりはしない。それゆえ、自然が人間に単に言語を作り出す能力を授けただけでなく、この能力を彼の本質の特徴である識別のために、また、彼が卓越した方向に向かう原動力のためにも授けたとき、この力は自然の手から、ほかでもない生きたものとしてもたらされた。したがってまた、それが作用せざるをえなかった領域以外に置かれることはなかった。人間はみずから言語を形成するという最も手近な素質をそなえてこの世に現れたが、その時点で人間をすぐに言語へと促した事情と要件のいくつかをもっと詳しく考察しよう。なお、これらの要件は数多くあるので、私はそれらを人間性とその種属の若干の主要法則に分類する。

第一自然法則

人間は自由に思考する活動的な存在であり、その諸力は漸進的に作用し続ける。それゆえ、人間は言語の被造物である！

本能のない丸裸の動物として観察すると、人間は諸々の存在の中で最も惨めな存在である。そこには、生来の暗い衝動、すなわち自分の本領や活動範囲や扶養や仕事に引き寄せるような衝動はない。飢えを鎮めるために野草に駆り立てるような嗅覚も鼻もない！　人間のために巣を築くような盲目で機械的な師匠もいない！　か弱く、打ちひしがれ、諸要素のぶつかり合い、飢餓、あらゆる危険、もっと強いあらゆる動物たちの爪、幾千もの死の可能性にさらされて、人間はそこに立っているのだ！　孤独に、たった一人で！　人間を創造した自然からの直接の教示もなく、そしてまた自然〔という女性〕の手による確かな導きもなく、したがってあらゆる方向から見捨てられて＝＝

ところが、こうした姿がいくら生き生きと描き出されても、それは人間の姿ではない―それは表層のうちのただの一面にすぎず、誤った光に照らされている。悟性と思慮深さが人間という種属にとって天賦の才であるのなら、感性の弱さや、みすぼらしい欠陥がすべてあらわになるや否や、それもすぐさま現れたに違いない。このように自然の手から見捨てられた状態でやって来た、本能のない、憐れな被造物は、その最初の瞬間から自由に活動する理性的被造物でもあった。それは自力でみずからを助けなければならず、それができる以外に手はなかった。動物としてのすべての欠陥と必要は、自分が人間であることを全力で示すための切実なきっかけとなった。人間性のこれらの力は、動物の優れた完全性が人間には与えられなかったことに対するわずかばかりの補償にすぎない、と動物の偉大な後援者たる我々の近代哲学は主張している。しかし、そうではなく、それらの力は、比較することも実際に測り合うこともできないような、人間の特性であった。その重みの中心点、すなわち魂が活動する主要な方向は、ミツバチの場合にはすぐさま蜜を吸ったり巣を作ったりするのと同じように、この悟性に、すなわち人間的な思慮深さに向けられていた。

目印となる単語なくしては人間の悟性の働きがいささかも起こりえなかったことが今や証明済みである以上、深慮の最初の瞬間もまた言語の内的成立の瞬間だった。

この最初の明らかな深慮のために、人間に好きなだけ時間を与えてみよ。ビュフォン流に[*2]（ただし、彼よりも哲学的に）この出来上がった被造物にじっくりと集中させてみよ。だが、忘れてはいけないのは、最初の瞬間から動物ではなく人間であり、まだ深慮する被造物ではなくとも、思慮深さをそなえた被造物が森羅万象に向けて目覚めることである。硬直した肢体で歩くことができないような、大きく、鈍重で、ぎこちない機械[*3]のようにではなく。そのようなものでは、見たり、聞いたり、味わったりしようとしても、乾ききった目では、硬化した耳では、また石化した舌では、何一つとしてできはしない——そのような疑いをもつ人々は、次のようなことを考えるのがよかろう。この人間はプラトンの洞窟[*4]からやって来たのではない。すなわち、彼の人生の最初の瞬間から何年にもわたって光もなく、動きもなく、目が開いているのに盲目で、健全な手足なのに硬直して座していた真っ暗な牢獄からやって来たのではない。そうではなく、彼は自然の両手から、彼の力も生気もきわめてみずみずしい状態で、最初の瞬間から成長するために、最高の、最も身近な素質をそなえてやって来たのだ。その内面的集中の最初の瞬間には、もちろん創造する摂理が司っていたに違いない＝＝だが、この瞬間における奇蹟のごとき出来事を説明するのは、哲学の仕事ではない。哲学が人間の創造について説明できないのと同じことだ。それは彼を自由な活動の最初の状態において、彼の健全な存在の最初の感触すべてにおいて捉えるのであり、したがって、これらの瞬間を人間的に説明するにすぎない。

ここで前述のことを引き合いに出してもいいだろう。ここでは感覚諸器官の形而上学的分離が起こらず、機械全体が感知し、かつ同時に暗い感触から深慮へと直接高まる働きをし、また、この点、すなわち最初の明らかな目印の感覚が、まさに目と触覚の中間の感覚である聴覚にあたる。それゆえ、言語の発生は、胎児が成熟した瞬間に誕生への衝動があるのと同じように、非常に内的な衝迫である。自然全体が、彼が人間になるところまで人間の感覚諸器官を発達させるため、人間に激しく押し寄せてくる。そして、この状態から言語が始まるのと同じように、人間の魂におけるさまざまな状態の連鎖全体は、それぞれの状態がこの言語をさらに形成し続けていく性質のものである。自然秩序のこの偉大な法則を私は明るみに出したい。

動物たちは自分たちの考えたことを暗く、あるいは明晰に結びつけるが、判明にではない[*5]。生態や神経構造が人間に最も近い種属である野に棲む動物は、多くの想起や多くの記憶を、場合によっては人間よりも強い記憶を示すことがよくある。しかし、それは常に感性的な記憶にすぎない。だが、いかなる動物も、何らかの行動によって、種属全体のためにみずからの状態を改善し、経験を将来使うために一般化したような想起を証明したことはない。イヌは自分を殴った人の身振りをもちろん見分けることができるし、キツネはつけ狙われたことのある危なげな場所から逃げ出すことができる。しかし、いずれも、殴りかかる身振りや狩人の仕掛ける術策からどうすれば永遠に逃れられるだろうか、という一般的な反省を自分に対して究明することはない。したがって、常に個々の感性的な事例に引っかかったままにすぎず、記憶になったのは一連の感性的な事例だった。それらは生産され、再生産もされるが―しかし、熟考を通して結びつけられることは決してない。それは［明確な］統一性のない多様なもの、すなわち非常に感性的かつ鮮明で生き生きとした表象の夢にすぎず、この夢を秩序づける［明るい］覚醒という主要法則を欠いている。

もちろん、こうした動物の種属のあいだにも、さらに大きな違いがある。生息圏が狭ければ狭いほど、感性と衝動が強ければ強いほど、技能の能力と生活の営みが単調であればあるほど、少なくとも我々にとっては、経験を通して彼らが得たごくわずかな漸進が目につくことはあまりない。ミツバチは幼時でも高齢になってからも同じように巣を造るし、世の終わりにも創造のはじめと同じように巣を造っていることだろう。それらは個々の点であり、神の完全性という光から発した火花の閃《ひらめ》きではあるが、いつでも個々にしか光を放たない。それに対して、経験を積んだキツネは狩りを始めたばかりの未熟者とは大いに違っているものだ。彼はすでに多くの策略を前もってわかっているし、それから逃れようとする＝＝だが、どこからそれらがわかるのか？　また、どうやってそれらから逃げようとするのか？　それは、このキツネがそうしたことをあらかじめ直接経験していて、そうした経験からこの行動の法則が結果として直接出てくるからである。明確な反省が作用するわけでは決してない。というのも、きわめて狡猾なキツネたちでも、この世で最初の狩人にだまされたのと同じように、今なお引っかけられているではないか？　人間の場合、彼の観念の継承を明らかに別の自然法則が支配している。これが思慮深さである。それは最も感性的な状態にあったとしても支配しており、ただあまり目立たないだけである。この世に生まれ出るときにはきわめて無知な被造物ではあるが、人間は動物とは違う方法ですぐさま自然の弟子になる。日が他の日を教えるのではなく、一日の毎分が他の分を教える。いずれの思考内容も別の思考内容を教える。何もこの一瞬のために習うのではなく、すべてをすでに知っていたことにつなげるか、将来それと結びつけようと思っているもののために学ぶという技巧は、人間の魂にとって本質的である。こうして魂は自分が集めた、あるいはまだこれから集めようと考えている備蓄を計算している。そして、そのようにして魂は確固として集める力になった。こうした連鎖は死に至るまで続いていく。いわばまったき人間なるものは決していない。常に発展し、進歩し、完成していく途上にある。一つの働きは別の働きによって起こり、一つのものは別のものの上に築き、一つのものが別のものから発展してくる。それは我々が顕著な段階に従って呼び慣わしているような年齢期やそれぞれの時代となるが、無限に小さなものに分割される。人間が感じることができるのは、自分がどのように成長していくかでは決してなく、いかに成長した状態になったかだけだからである。我々は幼年期から常に育ちゆくものであり、何歳になろうと我々は常に進行状態にある。安らぐことなく、飽き足りることもなく。我々の人生の本質的なものは決して享楽ではなく、常に進歩であり、〔かつて〕人間だったことがあるとは決して言えない——終わりまで生き通すまでは。それに対して、ミツバチは最初の蜜房を造ったとき、すでにミツバチだった。

もちろん、あらゆる時代に完成化という法則、すなわち思慮深さによる漸進という法則が同じように顕著になっているわけではない。しかし、少ししか目につかないものが、それゆえに存在していないとでもいうのだろうか？　夢の中で、思考の夢の中で、人間は目覚めているときのようには整然と明確には考えていない。だが、それでも依然として人間として思考している―狭間の状態にある人間として、完全なる動物としてでは決してなく。健全な人間の場合、さまざまな夢には目覚めているときの思考と同じ程度に結合の規則があるに違いない。ただし、それは同一の規則ではありえず、あるいはこの規則は目覚めているときの思考ほど均一に作用することがない。こうして、この例外すら主要法則の妥当性を証明しており、また明らかな病気や不自然な状態、意識不明や狂気の状態、等々は、これをさらに証明している。魂の働きのすべてがどれも直接に深慮の結果であるわけではない。しかし、どれもが思慮深さの結果である。人間のもとで起きる魂の働きは、もし人間が人間でなかったら、あるいは、そうした自然法則に従って考えるのでなかったら、現れることはないだろう。

ときに、人間の深慮という最初の状態が魂の言葉なしには現実にならなかったとすれば、思慮深さという状態はすべて人間の内部において言語的だった。人間の思考の連鎖がすべて言葉の連鎖になったのである。

このことによって言いたいのは、人間はその最も暗い触覚の感覚を言葉にしているのか、とか、言葉を手段とする以外に感じることができなかったのか、というようなことだろうか。――そんなことを言うのは無意味《ナンセンス》というものだろう。なぜなら、まさに逆のことが証明されているからだ。暗い触覚によってしか感じられないものは、我々にとっての言葉になる可能性はない。なぜなら、それははっきりとした目印になる能力がないからである。したがって、我々が恣意的な言語について語るのであれば、人間性の基盤は言葉で言い表せないものである。――だが、そもそも基盤が立像のすべてだろうか？　柱脚が彫像のすべてだろうか？　いったい人間はその本質からして、暗く感じているだけの牡蠣《かき》[*7]なのだろうか？　ここで、人間の思考の糸全体を取り上げてみよう。人間は思慮深さによって織りなされているからだ。人間の中には全体として、それ自体が深慮ではない状態、あるいは、それなのに深慮によって解明されうるような状態は存在しないからだ。人間のもとでは感情が支配しているのではなく、人間の本性全体の中心は、より繊細な感覚器官である視覚や聴覚にあり、それらが人間に次々と言語を与えるからだ。その結果、全体として見れば、「人間の魂においては、言葉になりえない、あるいは実際に魂の言葉によって規定されていない状態もまた存在しない」。もしまったく言葉なしに思考する者がいるのであれば、ひどく朦朧とした夢想者か家畜に違いない。きわめて抽象的な視霊者か、あるいは夢見るモナド[*8]に違いない。また、人間の魂の中では、我々自身が夢の中や狂人において見たりするように、こうした状態は不可能である。大胆に聞こえるかもしれないが、次のことは真実である。人間は悟性によって感じ、考えると同時に話す。――また、人間がこのように考え続

けていくことによって、また、我々が見たように思考の一つ一つを静けさの中で過去のものと未来に結びつけると、
「反省によって鎖のようにつながっている状態であればあるほど、よりよく考え、したがって、よりよく話せるようになる」。人間の感覚諸器官を自由に使わせてみよう。この使用の中心点は視覚と聴覚にあたり、前者が人間に目印を与え、後者が目印となる音を与えるので、これをさらに軽やかに、さらに洗練して使用するたびに、人間にとって言語は継続的に形成されていく。人間に魂の諸力を自由に使わせてみよう。その使用の中心点は思慮深さにあり、それゆえ言語抜きというわけではないので、思慮深さをさらに軽やかに、さらに高度に使用するたびに、人間にとって言語がさらに形成されていく。結果として、言語の継続的形成は、人間にとって、人間の本性そのものと同じように自然なものになる。

人間の魂の諸力がとりわけさまざまな困難や危険に対して全力を尽くして現れるとき、それらの範囲を誰が知っているというのか？　その完全性の度合いを誰が測るというのだろう？　魂の力が絶え間なく緊密に錯綜している多層的な継続的形成によって到達できるような完全性を？　また、すべてが言語へと至るのであれば、個々の人間が言語へと集成しなくてはいけないものは、何と膨大にあることだろう！　盲人や唖者でも一人きりの島で乏しい言語を創らなくてはならなかったのであれば、あらゆる感覚器官〈！〉の弟子であり、全世界〈！〉の弟子である人間は、どれだけはるかに豊かになるに違いないことか！　人間が味わうべきものとは何だろうか？　感覚諸器官の中でも、身体によい野草を嗅ぎ分け、害ある

ものを嫌悪する嗅覚を自然は人間に与えなかった。それゆえ、アメリカに渡ったヨーロッパ人が食べられるものは何かを動物から学び取ったように、人間は試食し、味わってみなければならない。したがって、野草の目印を、つまり言語を集めなければならないのだ！　人間はライオンに立ち向かうには十分な強さをもっていない。そこで、そこから避難して、遠くからその音の響きで聞き分ける。また、人間らしく慎重にライオンから逃げることができるように、ライオンや他の有害な何百という動物をはっきり認識することを学び、したがって、それを名づけることを学習するのだ！　経験を集めれば集めるほど、さまざまな事物をさまざまな側面から知れば知るほど、人間の言語はますます豊かになるのである！　人間がこれらの経験を見れば見るほど、目印を心の中で繰り返せば繰り返すほど、その言語はますます確実でよどみないものになる。人間が区別すればするほど、それぞれを整理すればするほど、人間の言語はますます秩序づけられたものになるのだ！　これが何年ものあいだ、活発な生活の中で、絶えざる変転の中で、困難と窮迫の不断の戦いの中で、対象物が常に新たになる中で続けられるとき、言語の始まりは些細なことだろうか？　だが、見よ！　それはたった一人の人間の生活にすぎないのだ！

　動物たちが唖であるのと同じ意味で口がきけず、魂の中でも言葉を考えることのできない人間がいたとすれば、被造世界において最も憐れで、最も無意味で、最も見捨てられた被造物になっただろうし、最大の自己矛盾があっただろう！　宇宙全体において、いわば一人きりで、何にもつなぎとめられていないがすべてのもののためにあり、何によっても、まして自分自身によってはなおさら保護されていない状態で、人間は屈服するか、あるいはすべてを支配するしかない。いかなる動物にもできないような叡智の計画を用いて、万物をわがものとするか、さもなければ死ぬしかないのだ！　無となれ、さもなければ悟性によって被造世界の君主となれ！　滅亡せよ、さもなければみずから言語を発明せよ！　この窮境の切迫する円環の中で魂のあらゆる力が集中するとき、もしこの人間性全体が人間であるために戦うなら——いかに多くのことが発明され、なされ、秩序づけられうることだろう⁉

社会的人間である我々はこのような状態に身を置くことを考えると、戦慄を禁じえない。「えっ、そこで人間はあらゆるものに対してそんなにのろのろ弱々しく不十分なやり方でしか自分の身を救うことができないのか——理性によって、熟考によって？　これはまた何とものんびり熟考することだろう！　それにひきかえ、何と素早く、何と勢いよく差し迫ってくることか、人間の窮境は？　人間の危険は！」＝＝こうした異議は、もちろんさまざまな実例によって大いに飾り立てることができるだろう。しかし、それが戦っている相手は、たいてい我々のものとはまったく別の論点である。我々の社会は多くの人間を結集し、彼らの能力と働きで一つになろうとしているが、それゆえ若いときから諸能力を分配し、一つの能力が他のものより優れて養成されるように機会を提供しなければならない。そのようにして、一人の人間は社会にとっていわば代数学そのもの、理性そのものとなり、また別の人間からはただ心意気や勇気や腕力を必要とする。こうした人間は、天才ではなくとも勤勉を存分にそなえているという点で社会の役に立つ。前者は、一つのものについては天才でも、他のあらゆることにおいては何ら才能をもっていない。動輪はそれぞれ自分の関係性と立場をもっていなければならない。さもなければ、それらは一つの機械の全体をなすことができない――一つの能力だけによって他を凌駕するために他のすべての能力を窒息させてしまうような魂の諸力のこうした分配を、自然的人間の状態に転用しないでもらいたい。社会集団の中で生まれ、育てられ、頭で考えることと手で書くこと以外の何にも熟練していない哲学者がいるとして、あらゆる保護と社会が彼の一面的な功績に対して与えている相互扶助的便宜の外に、いきなり彼を放り出してみよ。彼は見ず知らずの土地で生活の糧をみずから探し求めなければならないし、動物たちと闘わねばならないし、すべてのことにおいて自分の守護神でいなくてはならない――何と途方に暮れることか！　彼にはそのための感覚諸器官もなければ力もなく、その両方に熟練してもいないのだ！　おそらく彼は彼がしてきた抽象という迷路の中で、嗅覚と視覚と聴覚を、また敏速に発明する能力を――またきっと、危機においてのみ形成され、現れ、継続的に新たな活動状態にあることを欲し、さもなければ眠り込んでしまうような、かの勇気、かの迅速な決断力を失っている。もし彼が、精神の生命の泉がすっかり停滞し、あるいは枯渇し始めてしまうような年齢にあるなら、彼をこの生活圏に順応させようとするにはあまりに遅すぎるだろう――だが、これはいったい適切な事例だろうか？　私が今挙げている言語へのあらゆる試みは、哲学的な試みのためになされたわけでは決してない。野草の目印は、リンネが分類したような方法で見出されたわけではない。最初のさまざまな経験は、暇をもてあました孤独な哲学者が、自然の隠された歩みの跡をこっそりつけていくときにするように、冷静で、緩慢な理性による念入りに抽象するような実験ではない。彼が知ろうとするのは、自然が作用するということではなく、いかに作用するのか〈？〉である。だが、そんなことは最初の自然の住み手にとっては、まさにどうでもいいことだった。どの野草に毒があるのか、いちいち彼に実例で説明される必要などあっただろうか？この点で彼が家畜を真似ることとすらしなかったほど、彼は家畜以上に家畜的だったのだろうか？ライオンへの恐れを抱く目的で、彼はライオンに襲われる必要があっただろうか？彼の弱さと結びついた臆病、彼の魂のあらゆる繊細な力と結びついた思慮深さは、自然自身がそれで十分だと認めたにもかかわらず、みずから心地よい状態を得るには不十分だというのだろうか？　したがって、我々は臆病で抽象的な書斎哲学者を言語の発明者とする必要はまったくない。それに対して、粗野な自然人は自分の魂を自分の肉体と同じように、まだ一つのまとまりとして感じており、我々にとっては言語を創造するあらゆるアカデミー以上の存在であり、学者に劣る存在などではないので—そもそも学者などを手本にしてどうしようというのか？　我々は人間が目の見えない存在であることを証明するために、互いの目の中に塵《ちり》*9を撒き合おうというのか？　ズュースミルヒは、ここで再び私が戦う論敵である。「たとえ人間が言語を模倣によって発明したのだとしても、それを形成し続けていくのはいかに不可能だったか！」を示すために、彼はまるまる一章#を費やした。人間の魂なしで単なる模倣によって発明するというのが無意味《ナンセンス》であることは証明済みである。また、神的起源の擁護者がこの事柄に関して無意味《ナンセンス》さを具体的に確信していたのなら、彼はそれに逆らうような、悟性による人間的な言語の発明の反証にはさっぱりならない生半可な根拠を多くかき集めることなどなかっただろうと思う。この節全体は、恣意的に仮定された要請の文や言語の本性に関する誤った公理でもつれているが、私にはここでそれを完全に分析することなどできない。なぜなら、その著者が常に彼が現れるべきではない光の中にしゃしゃり出てくるからだ――それゆえ、私は必要なぶんだけを、すなわち、彼の反論の中では、形成され続けていく人間の言語と形成され続けていく人間の魂の本性なるものが完全に見誤られているということを取り上げてみよう。

第三章。

「はじめの世界の住民がおよそ一〇〇〇の家族だけで成り立っていたと仮定する。そこでは悟性の光が言語の使用によってすでに非常に明るく輝いていたので、彼らは言語とは何であるかを見極めていたし、したがってこの素晴らしい手段の改良を考え始めることができていた。そうだとすると＝＝」[#]。だが、これらの前提文のどれに関しても、誰も何も仮定することはできない。言語とは何であるかを、一〇〇〇世代も経てからようやく見極めたというのだろうか？　最初の人間が最初の思考を抱いたとき、彼はそれを見極めた。言語を改良するのがよいことだと見極めるのに、一〇〇〇世代もかけてようやくそこまでたどりつく必要があったのだろうか？　最初の人間は、最初の目印をよりよく整理し、さらに訂正し、識別し、結びつけることを学んだとき、それを見極めていた。また、そうした何かを新たに学ぶごとに、すぐさま直接に言語を改良した。これらの世代が経過する中で言語がすでに明瞭にされていなかったのであれば、いったいどうやって一〇〇〇世代にもわたって悟性の光が言語によってかくも明るく照りわたることができたというのか。ということは、改良なき明瞭化なのだろうか？　また、改良の背景には一〇〇〇の家族があり、そのもとでさらに改良の始まりがあるということは不可能なのか？　これは矛盾との戯れというものだ！———

＃　八〇、八一頁ほか。

「だが、この哲学的かつ文献学的な講義《レクチャー》〔Collegium〕に不可欠な補助手段として文字が想定されなくてはならないのではなかろうか」。そんなことはない！　というのも、この最初の自然な生き生きとした人間の言語の進展は、哲学的かつ文献学的な講義〔Collegium〕などでは断じてなかったからである。そもそも、哲学者や文献学者が、大いに活動しつつ生きている言語に関して、彼の死んだような美神《ムーサ》の殿堂で何を改善できるというのか？
「それでは、すべての民族が同じ方法で改良に取りかかったというのか」。まったく同じ方法だ。なぜなら、彼らはすべてを人間的に行ったからだ。そのため、我々はここで言語の本質的な端緒について、一つのものをすべての代わりに、あえて仮定してよいと思う。しかしながら、あらゆる言語が八つの品詞をもっていることが最大の奇蹟だというのなら、＃またしても事実は間違っており、結論は正しくない。あらゆる時代からあらゆる言語がその八つをずっともっていたわけではなく、言語の構造を哲学的に一瞥しただけで、この八つが次々と発展していることが示される。最古の諸言語では、動詞のほうが名詞より先に存在していた。また、おそらくは間投詞のほうが規則動詞よりもさらに以前にあった。後代の諸言語では、名詞が動詞と同時に派生している。ただし、アリストテレスは、ギリシア語についてすら、動詞がまずはじめに品詞のすべてであり、他のものはのちに文法学者たちによって動詞から発展した、と述べている。ヒューロン語について、まさに同じことを私は読んだことがあるが、オリエントの言語に関してはそれが明白である――八つの品詞に文法学者たちが行った恣意的かつ部分的には非哲学的な抽象化とは、結局のところ、いったいどのような曲芸であることか？　これはミツバチの蜜房の形のように規則的で神的なのだろうか？　また、もしそうであるなら、その抽象化は人間の魂を根拠にして説明することが完全に可能であり、必要なものだと証明されたのではあるまいか？

第三二、三四節。

「また、何が人間を改良という最高に骨の折れる仕事へと刺激したというのか」。ああ、それは骨の折れる思弁的な書斎の仕事などでは全然ないのに！　先験的《アプリオリ》で抽象的な改良でもまったくない！　そのための刺激もきっとなかった。これがあるのは、我々のさらに洗練された社会の状態でだけである。私はここで私の論敵を完全に見放さなければならない。彼の仮定によれば、「最初の改良者たちは実に優れた哲学的な頭脳の持ち主であり、彼らは現在、言語やその内的性質に関わっているたいていの学者たちよりも確実に、より広く、よく深く見ていたに違いない」。また、「この学者たちは、至る所で彼らの言語が不完全であり、改善が可能なだけでなく必要でもあったと認識していたに違いない」。また、彼の仮定によれば、「彼らは言語の目的を適切に判断していたに違いない、云々。獲得すべき財産のイメージは、この困難な仕事を引き受ける動因となるため、十分に強く生き生きとしていたに違いない」。要するに、我々の時代の哲学者は、この時代のあらゆる偶然的なものからあえて一歩たりとも外に出ようとしなかったが、そのような見地から彼はいったいどうやって言語の成立について書くことができたというのか！　もちろん、我々の世紀においては、言語は成立することが許されなかったし、それと同様に成立することができなかっただろう！

しかし、今はすでにさまざまな時代や地域や形成段階にある人間を知っているので、この変化を遂げた大いなる芝居は、いっそう確実に最初の場面《シーン》を推測することを我々に教えてくれるのではないだろうか？　洗練や社会的や多面的や学問的といった鋳《い》型《がた》に理性がまだほとんど流し込まれておらず、感性も、粗野な洞察力も、狡猾も、大胆な行動〈！〉も情熱も、発明の才もまだないような地上の片隅では——まさに完全な、未分化な人間の魂が最も生き生きと作用していることを我々が知らないとでもいうのだろうか？　最も生き生きと作用しているのは、それがまだ退屈な規則にされておらず、常に欲求と危険と押し寄せてくる要求の範囲の中で完全なものとして生きており、それゆえ自分自身を常に新たで完全なものとして感じているからである。人間の魂は、そこで、そこでのみ、みずから言語を形成し、それを形成し続ける諸力を示すのだ！　それは感性と、いわば本能を十分にもっており、生きた自然の音声全体と表出される目印のすべてを、我々にはもはやできないほど、そのまま全体として感じ取ることができる。また、深慮がその一つのものを切り離すとすぐに、我々がそうは命名しないほどに、それを強く親密に名づけることができる。魂の諸々の力がまだ発達しておらず、それぞれがみずからの領域に方向づけられていなければいないほど、すべてがいっそう強くともに作用し、その強さの中心点はより親密になる。だが、諸君がこの大きく丈夫な矢の束をばらばらにするなら、それらすべてを折ることができるだろう。そうなると、ただ一本の杖ではきっと奇蹟は起きないし、哲学者たちの唯一の冷たい抽象能力では言語が発明されることなどきっとないだろう――だが、これが我々の問いだったのだろうか？　かの世界を感知する器官は、もっと深いところに浸透したのではないか？　また、すべての感覚器官の絶え間ない合流の際には、その中心で内的感覚器官が常に目覚めていたが、そのとき常に新たな目印や秩序や視点や迅速な推論方法が現存し、また、したがって言語は常に新たに豊かになったのではないか？　また、そのために八つの品詞〔partes orationis〕を頼りにしないのであれば、人間の魂はその最高の霊感《インスピレーション》を受け取ったのではないか。社会の刺激がまだまったくない状態で、魂はそれだけ強い刺激をみずからに与え、内なる衝動と外なる要請に迫られて感覚と思考のあらゆる行為をみずから行ったが――そこで言語は人間の諸力の完全な発展とともに、みずから生じたのである。

私にとって不可解なのは、我々の世紀が、牢獄に閉じ込められていない自然の広く明るい光を認識しようとはまったくせず、深々と影の中に、人工的なものの暗い作業場の中に没頭してしまっていることである。人間精神の最も偉大な英雄的行為は、生きた世界との接触の中でのみ人間が行い、表現することができたものだが、それが今や学習牢獄の埃《ほこり》の中での練習問題と化してしまった。人間の文芸と雄弁術の傑作は、今や白髪の子供と幼い子供が決まり文句を習ったり、規則をあれこれ穿鑿したりするような悪戯《いたずら》と化してしまった。我々は形式的なことを捉えることに懸命になって、その精神を失ってしまった。我々はその言語を学んではいても、その思考の生き生きとした世界を感じていない。それと同じことが、人間の精神の傑作である言語の形成に関する我々の判断にも言える。ただ世界の生き生きとした息吹きからのみ、すなわち躍動する偉大な自然の精神から人間の魂に吹き込まれ、人間を呼び覚まし、形成し続けることができたような事物、これを死んだ思索が我々に教えてくれるのだ、などと言う。そこでは、のちになって文法学者たちによって作られた気の抜けた規則が最も神的だという。それを我々は崇拝し、どれほど不規則に思えようとも、その核心において人間精神とともに形成された真の神的な言語の本質を忘れてしまうのである。言語形成は、その学校の影の中に消え去ってしまった。そこからでは、生き生きとした世界に作用を及ぼすことはもはやない。それゆえ、初期の言語の作り手たちが、生き、感じ、創り出し、詩作せざるをえなかった明るい世界も、存在することは決してなかったと言われてしまうだろう。――人間をそのさまざまな力の根底において見誤ることなく、また未開人の言語の中にある力強いもの、強大なもの、偉大なるもの、そしてそもそも言語の本質を見誤らない人々の感情を私は拠り所にしており――それゆえ先に進むことにする。

第二自然法則

人間はその使命において、群れをなす被造物、すなわち社会の生き物である。したがって、言語の形成を継続することは、人間にとって自然で本質的で必然的なことになる。

人間の女には動物の雌のような発情の季節がない。男の生殖能力は、動物ほど抑制がきかないわけではないが、恒常的である。コウノトリやハトには夫婦生活があるのに、なぜそれが多くの原因から人間にはないなどということがあるだろうか？ 人間は毛むくじゃらのクマや剛毛のハリネズミと比べると、弱く、惨めで丸裸の動物である。洞窟をいくつも必要とし、それらは前述した誘因によって、ごく自然に共同体的な洞窟になる。

人間は他のものに比べて弱い動物であり、四方八方で季節の脅威にさらされているようなものである。したがって、人間の女は妊婦として、産婦として、砂漠に卵を産み落とすダチヨウよりも多くの社会的な助力を必要としている。

最後に、特に人間の男児、すなわち、この世に産み落とされた乳呑み児は、人間の手助けと社会の慈悲にどれほど隷属していることか。植物のように母親の胸元でぶらさがっていた状態から地上に投げ出されてしまったとしたら――もし彼を養う母の乳房がなかったら、また息子として抱き上げる父親の膝が出迎えてくれなかったら、その子はあらゆる動物のうちで最も弱々しく、最も無力な生き物である。これをもって、人間が集団となるように促した自然の経済性は明らかではない、などと言う者がいるだろうか？　また、それは思慮深い被造物のもとでは、限りなく直接的で、限りなく本能に近いのだ！――

この最後の点をさらに説明しなければならない。なぜなら、その中で自然の業《わざ》が最も明白に示されているからであり、私の結論もそこからいっそう速やかに出ることになるだろう。我々の粗野なエピクロス派の哲学者たちがするように、すべてを盲目的な性的快楽や直接の利己心から説明しようとするなら――子供たちに対する親の気持ちを説明することが誰にできるだろうか？　また、それによって生じる強い絆を説明することができるだろうか？　見よ！　この憐れな地上の住人は、自分が惨めだということを知らぬまま、惨めに世の中にやって来る。彼は慈悲を必要としているが、自分ではその憐れみに値することを少しもできない。彼は泣く――だが、この泣くということさえ、かくも多くの功績があったピロクテテスが号泣したとき、彼を荒れた孤島に置き去りにしたギリシア人たちにとってそうだったのと同じように、煩わしいものにならざるをえない。我々の冷静な哲学によれば、まさにここで最も強く作用しているときに自然の絆が真っ先に断ち切られざるをえなかったのだ！　母親は自分に非常に多くの不都合を味わわせた胎児から、苦痛を耐えつつ、ようやく解放された。享楽や新たな性的快楽だけが問題なのであれば、彼女はその子を投げ捨ててしまうことだろう。父親は数分のあいだに自分の激情を冷ました―それなのに、彼の苦労の種として、その母と子を気にかける必要がどこにあるのか。彼はルソーの獣人のように森の中に駆けていき、動物的享楽のために別の対象を探す。ここで、自然の秩序は何と真逆で、また何といっそう賢明であることか！　まさにこの苦痛と不都合こそが、母親の愛情をかえって増すのだ！　まさにこの乳呑み児の憐れむべき状態と愛されるに値しない状態が、その気性の弱さや虚弱さが、煩わしく不快な教育の苦労こそが、両親の心の動きをかえって倍増させるのだ！　母親は自分にきわめてひどい痛みを与えた息子をかえってあたたかな愛情を込めて見つめる。息子は幾度となく別離の恐怖によって母親を脅かし、彼の上には母親の心痛の涙がきわめて多く注がれたのに！　父親は、かつて危険から救い出し、最大の苦労をして育て、指導と教育にきわめて多くの手をかけた息子を、よりいっそうあたたかな愛情を込めて見つめる。このように、自然は種属全体においても弱さから強さを作り出す術を知っているのである。人間がいかなる動物とも異なって、かくも弱く、かくも貧弱で、自然の導きからかくも見放され、まったく技能も才能もなく世界にやって来るのは、人間がいかなる動物とも異なって教育を享受し、人類がいかなる動物の種属とも異なって親密に結びついた全体になるためなのだ！

幼いカモたちは、彼らを孵化させた雌鳥のもとから抜け出ると、母なる自然の呼び声が引き寄せた水の中でピチャピチャ音をたてて楽しみ、岸辺で嘆いている彼らの継母が警告するその呼び声が聞こえない。人間の子供もまた、カモの本能をそなえてこの世に生まれたとしたら、同じようにするだろう。鳥たちは皆、巣を作る器用さを卵の中からもってきて、それを次の世代に伝えることなく墓にもっていく。自然が彼に代わって伝授してくれる。したがって、すべては個別のまま、すなわち自然の直接的な作品であり、そのため、その種属の魂の進歩とはならず、自然が人間の場合には欲したような全体にはならない。だから、自然は、困窮と、ギリシア人たちにはソルゲー[*10]〔σοργη〕という語で表される両親の思いやりの衝動によって、人間を互いに結びつけたのである。こうして伝授と教育の絆が人間にとって本質的なものになった。両親は彼らの観念の領域を自分たちのためだけに集めたわけではない。それは同時に伝達されるためにあり、息子は彼らの精神の富をすでに早い段階で、いわばその抽出物として相続する、という利点に恵まれている。両親は教えることによって自然に対して負債を返済する。息子たちは学ぶことによって観念の欠如に関する自分たちの本性の欲求を満たす。そして、今度は彼らが、この富を自分のもので増やし、それを後世に伝えることで、自分たちの負債を自然に対して返済するだろう。いかなる個人も一人で存在するのではない。種属の全体の中に組み入れられており、進展していく連続の一つにすぎない。

これが全体の連鎖にどのような効果を及ぼすのかは、あとで見ることにする。ここでは、最初の二つの環の関連にのみ限定しよう！　すなわち、教育的伝授を通しての家族の思考方法の形成、それから——自己の魂の教示とは両親の言語の観念領域であるため、自然が種属全体を結びつけた精神、すなわち家族の精神による人間的伝授の継続的な形成は、また言語の継続的な形成となる。

この未成年者が、かくも弱く無知な状態で、自分の母親の胸に、父親の膝にしがみついているのはなぜだろうか？　彼が知識欲を抱き、言語を学ぶためである。彼が弱いのは、彼の種属が強くなるためである。そこで言語とともに、生みの親たちの魂全体が、思考方法の全体が、彼に対してみずからを伝達する。だが、彼らが喜んでそれを子供に伝えるのは、彼らの伝達するものが、まさにみずから考えたもの、みずから感じたもの、みずから発明したものだからである。最初の言葉を片言で話す乳呑み児は、両親の感情を片言で繰り返しているのであり、舌と魂が形成されるにつれて、それらの感情を永遠のものにすることを、片言を話すたびに誓うのである。それを彼が父語あるいは母語と呼ぶのは当然のことだ。これらの幼年期の最初の印象、すなわち両親の魂と心から生じたこれらの形象は、彼の中で一生のあいだ生きて作用するだろう。言葉とともに、幼い頃に彼の魂を満たしたあらゆる感情が甦るだろう。言葉の観念とともに、当時この朝のようにすがすがしい幼い目で被造世界を眺めたときに彼の前に存在していた、あらゆる付随観念——それらが再びやって来て、純粋で明るい基本観念そのものよりもいっそう力強く作用するだろう。こうして、それが家族の思考方法となり、したがって家族語となる。ところが、ここで冷静な哲学者#が立ち上がって尋ねる。

「そもそも人間は、どのような法則によって、恣意的に発明された言語を互いに押しつけ合い、相手側にこの法則を受け入れさせることができたというのか」。これはルソーがかくも激烈に説き、また別のある著述家がかくも延々と説教を垂れている問いだが、我々が人類の本性の経済性にほんの一瞥でもくれればおのずと答えがわかるのだから、誰がその二人の説教を我慢することなどできるだろうか？

〔# ルソー。〕〔手稿最終稿では、「尋ねる」のあとに「#」が付され、ルソーの名前と書名を欄外に書いた形跡があるが、すべて削除されている〕

……この家族における言語の継続的な形成は、十分に法則であり、また永遠化なのではないだろうか？　本性においてあまりにか弱い存在である女が、経験豊かで、一家を扶養し、言語を形成する男から法則を受け入れる必要はなかったというのだろうか？　伝授という単に優しい恩恵にすぎないものが、法則と呼ばれるというのだろうか？　未成年者と呼ばれるのが実際にふさわしい弱い子供は、言語を受け入れなくていいというのか。それと一緒に母の乳と父の精神を享受しているというのに？　また、何かが永遠化されるというときに、この言語が永遠化される必要はないというのだろうか？　ああ、この自然の法則は、狡猾な政治が締結し、また、あの賢《さか》しき哲学者が数え上げようとするあらゆる取り決めよりも強力なものだ！　幼年期の言葉――人生の曙《あけぼの》における我々の初期のこの遊び仲間！　これらとともに、我々の魂全体が形成されていった—いつそれらを我々が見誤るというのだ？　いつ、我々がそれらを忘れるというのだろうか？　我々の母語は、まさに同時に、我々が見た最初の世界であり、我々が感じた最初の感覚であり、我々が味わった最初の活動と喜びだったのだ！　場所と時間、愛と憎しみ、喜びや行動の付随概念、また火のように激しく、沸き立つかのように若い魂がその際に思い浮かべたことすべてが、もろともに永遠化される—こうして言語が今や幹になるのだ！

　そして、この幹は小さければ小さいほど、内的な強さを獲得する。自分たち自身では何も考えず、自力では何も発明しなかった、そして、あらゆることを機械的に習った我々の父親たち—そんな者たちが息子たちの教育など気にかけるだろうか？　彼らが自分たちでは所有していないものを永遠のものにすることなど気にかけるだろうか？　だが、最初の父親、最初の言語の乏しき発明者たちは、ほとんどどの言葉にも彼らの魂の仕事を傾注し、言語のあらゆるところにその活動のために流したあたたかな汗をまだ感じていた—どんな教師に彼らは頼ることができただろうか？　子供たちの言語全体は父親たちの思想の方言、父親たちの行為の賛歌であり、父フィンガルに捧げたオシアンの歌[*11]のようなものだった。

　ルソーや他の人々は、最初の財産の起源とその要求権に関して非常に多くの逆説的な事柄を述べた。しかし、ルソーが彼の愛する獣人[*12]の本性に問いさえしていたら、その獣人が彼に答えてくれたことだろうに。なぜこの花は、その上で蜜を吸うミツバチのものなのか？　ミツバチは、こう答えるだろう。自然がこうして蜜を吸うように私を作ったからです！　この花には向かうが他の花には見向きもしない私の本能が、私にとっては十分な絶対的支配者なのであり、私にこの花とこの庭を財産にするよう命じるのです！　また、ここで我々が「これらの野草に対する権利を誰がお前に与えたのか？」と最初の人間に尋ねるなら、彼は「自分に深慮を与えてくれた自然！」と答える以外、何を答えられるというのか？　これらの野草を私は苦労して覚えたのだ！　苦労して私はそれらを妻や息子に覚えさせたのだ！　我々皆がそれを食べて生きているのだ！　私はその上でブンブン言っているミツバチよりも、その上で草を食《は》んでいる家畜よりも、それらに対する権利をもっている。なぜなら、彼らは皆、覚えることや覚えさせるという苦労をしなかったからだ！　それゆえ、私がその上に記した一つ一つの思想は、私の財産の印章《しるし》であり、私をそこから追い出す者は、もし私がこの生活の糧をもう見つけることがないのであれば、私から生命を奪うだけでなく、私が過ごしてきた年月の価値、私の汗、私の苦労、私の思想、私の言語を本当に奪うことになる――私はみずからそれを手に入れたのだ！　また、人類の初子《ういご》にとっては、覚えることによる、目印による、言語による、魂のそうした印づけは、コインの刻印以上に所有権と言えるのではないか？

したがって、言語は、それがまさに父親の教えになることで、いかに多くの秩序と成熟を得ることだろう！　教えることによって学ぶということがない者などいるだろうか？　他人に伝達したり、未成年者の唇によって何度も口ごもられているのを聞いたりすることで、自分の観念を確認しない者などいるだろうか、自分の言葉を吟味しない者などいるだろうか？

こうして言語は、ここですでに技術と方法の形式を獲得するのだ！　ここで、人間の魂と、その自然な論理の写しであった最初の文法が、厳しく吟味する検閲によって、もう修正されるだろう。

ルソーはここで、いつもどおり彼の流儀に従って叫ぶ。「それなら、母親が子供に言わねばならないことはいったいどれだけあったというのか？　子供にはもっと多く母親に言わねばならないことはなかったというのか？　だとすれば、この子供はいったいどこから母親にわからせるための言語を学んできたというのか？」と、いつもどおり彼の流儀に従って、ここでもやはりパーン[*13]のように出し抜けに戦場《いくさば》の雄叫びをあげてしまっている。とはいえ、もちろん母親が子供に教えることのほうが、子供が母親にわからせることよりも多く—それは母親のほうが子供により多くのことを教えることができたからである。そしてまた、ルソーが慈悲深さゆえに動物には認めつつ、高潔さゆえに自分の種属である人間には認めない、母性本能である愛情と同情が、溢れる乳が母親を授乳へと強く促したように、この伝授へと強いたからである。年かさの者が彼らの息子たちを自分たちの生活様式に慣れさせることを、我々は多くの動物に関してすら知っているのではないだろうか？　また、父親が自分の息子を幼少の頃から狩猟に慣れさせたとき、それは伝授と言語抜きにできただろうか？「そのとおり！　そうした言葉の口述は、教えることのできる形成された言語を示してはいるが、これから初めて形成される言語を示してはいないのだ！」しかし、これもまた例外をなす差異なのだろうか？　当然のことながら、子供たちに教えたその言語は、すでに父親や母親の中で形成されてあったものだ。しかし、だからといって言語は完全に形成されている必要があるだろうか？　彼らが子供たちに教えなかった言語ですら、そうなのだろうか？　また、その子供たちは、よりいっそう新しく、広く洗練された世界で、それに加えて何かをさらに発明することはできなかったのだろうか？　また、部分的には形成されていて、さらに継続的に形成されていく言語というのは、いったい矛盾なのだろうか？　いくつものアカデミーや著述家たちやさまざまな辞書によってあのように形成されたフランス語は、すでに形成され尽くしたのだろうか。その結果、どんなに新しく独創的な著述家によっても、新たな音を社会にもたらすいかなる頭脳によっても、新たに形成されたり歪められたりする必要がないほど、それほどまでに完全に形成されたのだろうか？――そうした誤った推論によって、反対意見の擁護者たちは宙ぶらりんの状態になっている――彼らの反論の詳細にいちいち関わる甲斐があるかどうかは、各自で判断してほしい。

別の者は、例えば次のように述べる。「だが、もし人間がルクレティウス[*14]の言うような口のきけない醜い家畜〔mutum et turpe pecus〕だったとすれば、困窮から自分たちの言語を継続的に形成しようと欲することなどあっただろうか」と。そして、未開人たちについての生半可なさまざまな論拠に関わり合う。私は、そんなことは断じてない！とだけ答えよう。口のきけない醜い家畜だったなら、彼らは断じてそれを欲しなかっただろうし、欲することもできなかっただろう。というのも、その場合には彼らは言語をもっていなかったのではないか？　未開人とは、そうしたものなのだろうか？　きわめて野蛮な人間の民族でも、言語がないなどということがいったいあるだろうか？　それに、そもそも人間が、哲学者たちの抽象化の中、すなわち彼らの頭の中以外でそのようなものだったことが一度でもあるのだろうか？

彼は問う。「動物はどれも強制を厭《いと》い、人間は誰しも怠惰を愛するというのに、コンダミーヌのオリノコ族が、彼らの長く延びた、八音節の、重苦しい、最高に面倒な言語を変更し、改善するなどということを、そもそも期待できるだろうか」と。そこで私は答えよう。最初に、彼が引用しているすべてのことと同様、またしても事実が正しくない。[#]「長く延びた八音節の言語」？　そんなことはない。コンダミーヌは次のように述べているにすぎない。その言語は非常に発音しにくいもので、独特な構造をもっているため、彼らが三つまたは四つの音節を発音するところで、我々は七つまたは八つの音節を書き綴らなくてはならないし、それでも我々にはそれを書ききることはできなかった—これが、その言語は長く延びて八音節である、ということになるのだろうか？　また、「難しく、最高に面倒」だと？　よそ者にとって以外、誰にとってそうだというのだろうか？　また、そのよそ者のために彼らが自分たちの言語を修正すべきだというのだろうか？　いずれ訪れるフランス人一人のために、自国語以外ほとんど学ばず、他言語を学ぶときには必ず原形をとどめないほど歪めるフランス人のために、その言語を改良せよと、つまりフランス語化せよというのだろうか？　それにしても、オリノコ族が自分たち独自の守護霊を船から下り立ってくるよそ者と取り換えようとしないからといって、彼らが自分たちの言語の内部でまだ何も形成していないというのだろうか？　あるいは、いかなる言語もみずから形成していないとでもいうのだろうか？　たとえ彼らがその言語の内部でもはや何も形成しなかったとしても、あるいは自分のためにはもはや形成しないとしても—もうこれ以上成長しないからといって、それはかつて成長したことが一度もないということになるのだろうか？　また、未開人が必要に迫られなければ何もしないからといって、彼らがこれまで何もしなかったということにいったいなるのだろうか？—

＃　ズュースミルヒ〔手稿最終版には末尾に「。」がない〕

ところで、家族語は、生成しつつある種属にとって、何という宝であることか！　この世のすべての大陸のあらゆる小国家において、彼らがいかにわずかしか教化されていないとしても、彼らの父祖たちについての数々の歌謡、彼らの先祖の行為についての歌は、彼らの言語、歴史、文芸の宝であり、彼らの叡智、また鼓舞であり、彼らの教育であり、遊戯であり、舞踊である。ギリシア人は、彼らのアルゴナウタイ[*15]について、ヘラクレスやバッコスについて、英雄たちやトロイアの征服者たちについて歌った。また、ケルト人は、彼らの諸部族の父祖たちについて、フィンガルやオシアンについて歌ったのだ！　ペルー人や北アメリカ人のあいだや、カリブやマリアナの島々では、彼らの部族や父祖たちの歌の中で部族語の起源がいまだ支配的である。それはちょうど、世界のほぼあらゆる場所で、父と母が似た名称をもっているのと同じだ。ただ、例を挙げた多くの民族のもとで、男と女ではほぼ二つの異なる言語をもっているのはなぜか、ということについて、もう少し所見を述べる必要がある。それは両者が国民の風習によって、高貴な性と高貴ではない性として、食事をともにすることさえしない、ほぼ二つの分断された民族をなしているからである。教育が父親によるか母親によるかによって、言語もまた父語または母語にならざるをえなかった。それはちょうど、ローマ人の風習に基づいて地方言語[*16]〔lingua vernacula〕までできたのと同じである。

第三自然法則

人類全体が一つの群れのままでいるのが不可能だったのと同様に、人類全体が一つの言語を維持することはできなかった。したがって、さまざまな国民語が形成されることになる。

本来の形而上的な意味では、男と女、父と息子、子供と老人のもとで言語がただ一つということはまったく不可能である。例えば、オリエントの諸言語における長母音と短母音、多様な気音と咽音字母、同一器官による多様な文字の容易な混同、休止記号と言語記号を、文字で表現するのが非常に困難なあらゆる相違点とともに調べてみるがよかろう。すなわち、音と抑揚、その増減、また言語の諸要素における何百とある偶然的な細かい事柄だ。また、他方で、言語器官の相違に注意してみるがよい。その両性、青年期と老年期、あるいはまた二人の同じような人間でも、この器官の構造を変えてしまうさまざまな偶然や個別的な出来事のあとで、第二の天性となるようないろいろな習慣がある場合、等々。まったく同一の姿や顔つきをした二人の人間が存在しないのと同様に、発音だけでも二人の人間の口の中にあれば、同一の言語ではありえず、二つの言語である。

どの種属も、自分の言語の中に家庭の音や家族の音をもたらすだろう。これが発音に関して言えば、さまざまに異なった里言葉になる。

気候、空気や水、食べ物や飲み物が、言語器官や、もちろん言語にも影響を及ぼすことになるのである。社会の風習や習慣という力強い女神が、身振りや礼儀作法に従ってさまざまな特色や相違を程なく持ち込むだろう―それが方言というものだ。――オリエント人の種々の親縁関係にある方言に関する哲学的な試みがなされるのであれば、これらの命題の実に好都合な証明になるだろう。

今言ったのは発音のことだけだ。だが、言葉そのもの、意味、言語の魂―何と無限な差異の領域だろう。我々がすでに見たように、最古の諸言語は必然的に多くの類義語に満ちていた。ここで、これらの類義語から、ある人にはある語が、別の人には別の語がなじんだものになり、自分の視点にいっそう適したものになり、自分の感覚領域にいっそう深く根ざし、人生行路に頻繁に現れるようになり、要するに自分にいっそう多くの感銘を与えるようになったとき、愛用の言葉、特有の言葉、慣用的表現、その言語の特有語法ができたのである。他の者のところでは、他の言葉が生じ、そして定着した。その他のものは、副次的な観点によって主要な事柄から外されてしまった。ここで、時の経過とともに基本概念の精神自体が変化した—そうして独自の語形変化や派生形や諸変化形、前置および付加、意味の全体または半分の転換や除去が生じた—新たな特有語法だ！　そして、これらすべては、言語が人間にとって魂の感覚器官であるのと同じように、自然なことだった。

ある言語が生き生きとしていればいるほど、それが起源に近ければ近いほど、つまり青年期や成長期にあればあるほど、それだけいっそう変化しやすい。それが書物の中にのみ存在し、そこでそれが規則に従って学ばれ、学問においてのみ使用され、生き生きとした人間関係の中では用いられず、一定数の対象と用法しかない場合、すなわち、その辞書が完結しており、その文法が整理されていて、その領域が固定されている場合には——そうした言語は表面的には変化しないままのことがある—とはいえ、その場合も、あくまで表面的にではあるが——。とはいえ、未開の自由な生活の中で、広大な被造世界の中で、形式的に作り上げられた規則もなく、書物も文字もなく、受け継がれた傑作もないような、日ごとに豊かにされる必要があるほど乏しく未完成で、日ごとになお注意の最初の合図や情熱の最初の命令に応えて我々の感覚になりうるほど若々しくしなやかな言語——こうした言語は、人間の目に映る世界が新たになるごとに、考えたり、さらに考え続けたりする方法が変わるごとに変化せざるをえない。エジプトの一様性の法則[17]も、ここで逆のことを生じさせることはできない。

さて、明らかに大地全体は人類のために、また人類は大地全体のために作られている―（私が述べているのは、地上の各々の住民ないし各々の民族が突然の一足飛びで正反対の気候に合うように、あるいはすべての地域に合うように創られたなどということではなく、種属全体が全大地のために創られたということだ）我々がまわりを見まわしても、もともとこの地域に定められている陸棲動物のように人間は住みついている。グリーンランドでは氷に囲まれて生きながらえ、ギニアでは垂直に照りつける太陽を浴びて身体を焦がす。ラップランドでトナカイに乗って雪の上をすべり抜けていくときも、アラブの砂漠で喉を渇かしたラクダと駆け抜けていくときも、自分の領域《フィールド》にいる。穴居人[18]の洞窟や、カビル人の山の頂上や、オスチャーク人の煙暖房《ペチカ》や、ムガール帝国皇帝の黄金の宮殿に含まれているのは―人間だ。彼らのために地球は極のところで平坦にされており、赤道のところが高地にされている。彼らのために地球は、ほかでもなくこのように太陽のまわりを廻っている。彼らのために地球上のいろいろな地域があり、季節があり、変化がある―そして、彼らは地球上のいろいろな地域のために、季節のために、またさまざまな変化のためにある。したがって、自然法則はここでも明らかである。どの種属の動物も特定の土地や狭い領域しかもっていないのに対して、人間は地球上の至る所で暮らすように定められている。この地球の住民が姿を見せる。また、そうすると、彼の言語が地球の言語になる。新たな世界それぞれに一つの新たな言語が、どの国にも国民語が生まれ――前に述べた変化の規定原因すべてを繰り返す余裕はないが――言語は地球の丸い表面上でプロテウス[*19]のようなものになる。

近頃の流行哲学者の多くは、このプロテウスを縛りつけ、その真の姿を見ることがほとんどできなかったので、以下の説のほうが彼らには真実らしく思われた。自然はそれぞれの気候に特有の動物を創ったのと同様に、地球の大きな地域それぞれに何人かの人間を祖先として創り、住まわせたのだろう、と。これらの人々が、彼らの体格がその土地のためだけに作られたのと同様に、すぐに独自の地方語や国民語を発明したと言う。自分の言語をもち、薄い髭を生やして、器用さと活発さをそなえた小柄なラップランド人は、トナカイと同じく、もともとはラップランドの人型動物だったのだと言う。また、その皮膚と、イカの墨袋の黒さと、唇と髪と七面鳥語と、愚鈍と、怠惰とをもった黒人は、同じ気候にいるサルと自然上の兄弟だなどと言う。地球上の諸言語のあいだに類似性がないのは、さまざまな人種の外見《つくり》に類似性を夢想できないのと同じだなどと言う。また、神が地球全体のために、人間の祖先として、ただ一組の男女をかくも弱く臆病な状態で、自然の猛威や獣の餌食として地上の片隅に置き去りにし、幾千もの偶発的な危険に委ねたとは、何と賢明ならざることだったか、と――

さらに詰めの甘い意見が続けるところによれば、言語は少なくとも人間精神の自然な生産物であり、人間とともにさまざまに異なる気候に徐々にしか移っていかなかったのであれば、言語もまた徐々にしか変化しなかったはずだという。諸民族の変遷や移動や親縁関係が併行して進展していくのを見なければならない、と。また、至る所で考え方や話し方や暮らし方の細かいニュアンスに合わせて正確な説明がつけられなくてはならないらしい。しかし、誰にそんなことができるというのか？　同じ気候のもとで、あらゆる大陸でごく隣接して、ただ一つの範囲の中にあっても、すべてが一つのボヘミアの森と化すほどに異なっている正反対の言語をもつ、いくつもの小さな民族を目にしないだろうか？　北アメリカや南アメリカ、アフリカやアジアに関する旅行記を読んだ者にとっては、この森の部族の数を数えてみせる必要はない――これらの懐疑家の推論によれば、人間によるいっさいの研究がここで終わってしまう。

しかし、彼らはただ疑うことしかしないので、私は次のことを明らかにしてみようと思う。ここで調査が中断するのではなく、ごく隣接したところでの差異が、まさに一つの国民の中での家族語の統一性と同様に、自然に説明されうるということを。諸家族がそれぞれ孤立した国民へと分かれていくことが、暇をもてあました冷静な哲学者がコンパス片手に地図で測るように、隔たり、移動、新たな関係、あるいはそうした退屈な事情に応じて行われるわけではきっとないだろう。こうした測定に基づいて諸民族の親縁関係に関する大著がいくつも書かれているが、そこではすべてのことが本当であっても、すべての計測の拠り所となった規則だけは正しくない。生きて作用している世界を一瞥すれば、接近した諸民族のあいだでの言語の相違をごく自然に引き起こしたに違いないさまざまな原動力がそこに存在する。ただし、自分が好む体系に人間を無理に置き換えようとしてはいけない。人間はルソーの言う森の人などではない。なぜなら、人間は言語をもっているからだ。ホッブズの言うオオカミなどではない。なぜなら、人間は家族語をもっているからだ。別の状況にいるとしても、未熟なヒツジなどではない。すなわち、人間は相対する本性、習慣、そして言語を形成することができる—要するに！　この接近した小さな諸民族の言語、思考方法、生活様式の相違の原因とは—家族や国民の相互の憎しみである。

人間の本性を誹謗中傷するわけではまったくないが、二つあるいはそれ以上の隣接する部族は、もし我々が彼らの家族の思考方法に身を置いて考えてみるなら、争いの種をすぐに見つけてしまうに違いない。同じような要求がまもなく彼らを、そう言って差し支えないなら、飢えと渇きの争いに巻き込んでいく。例えば、羊飼いの二つの集団は泉や牧草地のことで争うし、また土地の性質によっては争いが頻繁になりうるのはごく自然なことだ。だが、それだけではなく、はるかに熱い火花が彼らの激情を煽り立てる—妬み、名誉心、自分の血族とその優越性に対する誇りが。こうした家族への傾慕は、自分自身の中に向くと、一つの部族の和合に強さを与えるし、それと同じ傾慕が外に向くと、他の血族に対する不和に、すなわち家族の憎しみに強さを与えるのだ！　内に向くと多くの者を一体へといっそう固く結びつけるが、外に向くと二つの集団をすぐさま敵対者にしてしまう。この敵対心と永遠の戦争の原因は、こうした場合、卑劣な悪徳というより、むしろ人間の高貴な弱さなのである。

この形成段階の人類は、財産よりも作用する力のほうを多くもっているので、そうした力に対する誇りのほうが、後世の—気骨をなくしてしまった時代とは違って、厄介な所有物より大きな名誉の問題である。立派な男でいること、また立派な家族に属していることは、その時代にはほとんど同じことだった。というのも、息子が多くの点で我々の時代よりはるかに本来的な意味で美徳と勇敢さを父親から譲り受け、学び、また総じて部族全体があらゆる機会に一人の立派な男を支持したからである。それゆえ、まもなく次の言葉が自然と生じた。我らとともにおらず、我らの出身でない者は、我らに劣る！　よそ者は我らより駄目な存在であり、野蛮人である。その意味で、野蛮人とは侮蔑の合言葉だった。すなわち、よそ者であり、同時に、知恵や勇敢さ、あるいはその時代が名誉とすることの何であれ、我々にとても及ばない、まったく高貴ならざる者なのだ。

　もちろん、あるイギリス人が正しく指摘しているように、自分の利益と所有物の安全だけの問題なら、隣人が我々ほど勇敢でないことは憎しみの原因にはならない。むしろ、我々はひそかにそれを喜べばいいのだ。もっとも、この意見がただの意見であっても、まったく同じ部族感情をもつ双方に同じ意見があるので、まさにそれによって戦争へのラッパが吹き鳴らされる！　これは名誉に関わることである。これが部族全体の誇りと勇気を呼び覚ます！　双方に英雄と愛国者たちがいる！　また、戦争の原因が皆それぞれに関係し、また各自がそれを理解し、感じ取ることができたため、国民間の憎しみが不断の苦しい戦争において永遠化された。そこで二番目の同義語が完成した。我とともにおらぬ者は我の敵なり。野蛮人かつ[*20]敵意に満ちた者〈！〉、よそ者、[#]敵〈！〉、その語がローマ人たちのもとでは、もともとよそ者〔hostis〕だったように！

［＃　フォス『語源論』〔オランダの人文学者フォシウス（Gerhard Johannes Vossius. ラテン語名 Gerardus Johannes Vossius）（一五七七―一六四九年）による『ラテン語の語源（*Etymologicum linguae Latinae*）』（アムステルダム、一六六二年）のこと〕。］

三番目のことがすぐに起こった。完全なる分離と隔絶である。このような敵、軽蔑すべき野蛮人と何かをともにしたいなどと思う者がいるだろうか。家族の習慣も同一の起源の追憶もともにしようなどとは思わないし、まして言語などもってのほかだ。なぜなら、言語は本来まさにその血族の目印となる言葉であり、まさにその家族の絆であり、まさにその伝授の道具であり、父祖たちのまさにその行為の英雄歌であり、墓から聞こえてくる彼らの声そのものだったからだ。したがって、それが同一の状態にとどまることは不可能であり、一つの言語を生み出していたのと同じその家族感情は、国民間の憎しみとなったとき、しばしば相違を、そしてまったく異なる言語を創り出した。彼は野蛮人だ。彼はよその言語を話しているから。［これが三番目の、ごくありふれた同義語である。］

――これらの言葉の起源は、それらが真逆に思えるとしても、今ここで問題になっているあらゆる小さな諸国民や言語の歴史が完全にその真実を証明している。語源の断絶は、単なる抽象化にすぎず、歴史上の分断ではない。近しいのにさまざまに異なる言語を話すそうした者たちは、同時に頑《かたく》なで和解不可能な敵同士である。しかも、それはどれも掠奪欲や所有欲のである。彼らの祖先の亡き霊に犠牲を捧げるからではない。なぜなら、彼らはたいてい掠奪するのではなく、殺戮し、破壊し、彼らの祖先の霊とは神々であり、オシアンの歌にあるような血なまぐさい叙事詩全体の、目に見えない唯一の機械装置である。これらの霊こそが、夢に現れて族長を呼び覚まして活気づけるものであり、それらのために族長が幾晩も寝ずの番をするものである。これらこそが、彼の供の者たちが多くの誓約や歌謡の中でその名を呼んでいる者である。これらこそが、捕虜たちをあらゆる拷問によって捧げた者であり、またこれらこそが、逆に拷問に遭っている者をその者の歌や死の歌の中で強める者である。永遠に伝えられる家族の憎しみは、それゆえ彼らの戦争の原因であり、それらはしばしば妬みゆえに家族程度の大きさにすぎない小民族に分離させる原因であり、また非常に高い確率で彼らの習慣や言語の完全な相違の原因でもある。

言語の分離に関するオリエントのある古い記録は（私はここではそれを民族史の考古学のための一つの詩的断片としか見ない）、非常に詩的な物語を通して、あらゆる大陸の非常に多くの国民がその実例によって証明している事実を裏づけている。諸言語は、哲学者が移動によって多様化させるように、徐々に変化していったわけではない。その詩作品が述べるには、諸民族はある一つの事業のために一致団結していた。そのとき、さまざまな言語の混乱や多様化という混乱状態が彼らに襲いかかってきた――その結果、彼らは仕事を中断し、分散していった――これは、まさにこのような大事業が最大のきっかけを与えた急激な憤懣や軋轢以外の何だったというのか？　おそらくは些細なことから名誉を傷つけられた家族精神が目覚めた。結束と意図は崩れ去ってしまった。不和の火花が燃え上がり、炎になった。彼らは飛び去るかのように散り散りになった。彼らが自分たちの事業を通して未然に防ごうとしていたことを、今やいっそう激しくしてしまった。彼らは自分たちの起源の唯一なるもの、すなわち自分たちの言語を混乱させてしまったのである。そのようにして、さまざまな民族ができ、後代の報告が述べるところによれば、そこでその廃墟は今なお諸民族の混乱と呼ばれている。—あちこちからの寄せ集めの比喩表現や素晴らしい叙事詩的物語を通してオリエントの人々の精神を知っている者は、私はここで神学のために高次の御働きを排除するつもりはないが、民族移動だけでなく共同の大きな計画に関する意見の不一致が、このように多くの言語の原因になったという感性面からの根本思想を見誤ることはないだろう。

［＃ 〔旧約聖書〕『創世記』第一一章。］

私はここではやはり詩作品としてのみ引用するつもりだったのだが、このオリエントの証言はさておき、言語の多様性は言語の継続的な形成が自然かつ人間的であることに対する異論にはなりえない、ということがわかるだろうか。もちろん、あちこちで山々が地震によって盛り上がっているということはありうる。ただし、だからといって、そのことから、山や川や海がいくつもある地球が全体としてその形態を水から得たなどということはありえない、と結論づけられるだろうか？＝＝もちろん、まさにそれによって語源学者たちや民族研究者たちには、言語が非類似性を理由に、あまり独断的にそれらの由来を結論づけてしまうことがないように、慎重さという有益な石が舌の上に置かれる。いくつもの家族はごく近い親縁関係にありながら、紋章の親縁性を隠蔽する理由があったのかもしれない。—そうした小さな諸民族の精神は、そのための根拠を十分に与えてくれる。

第四自然法則

人類がおそらく唯一の大きな経済性における、唯一の起源による、漸進的な唯一のまとまりをなしているのと同様に、すべての言語もそうであるし、それにともなって形成の連鎖全体もまた同様である。

一人の人間を支配している独特で特徴的な計画が認められる。すなわち、彼の魂は現在見ているものをかつて見たものと常に順序立てて結びつける習慣があり、したがって思慮深さによって生活のあらゆる状態の漸進的な統一になり—それゆえ、言語の漸進的な形成となる。

一つの人類を支配している独特で特徴的な計画が認められる。すなわち、伝授の連鎖によって両親と子供が一つになり、またいずれの環も、受け取るために、また伝達するために、自然によって他の二つの環のあいだに挿入される—それによって、言語の漸進的な形成となる。

最終的には、この独特な計画は人類全体にも及んでいく。また、それによって前の二つのものから直接生じてくる最高の意味での漸進的な形成が成立する。

各個人は人間であり、したがって彼は人間の生の連鎖を考え続ける。各個人は息子や娘であり、伝授によって教育された。したがって、自分の祖先たちが蓄えた思想の一部を早い段階から常に用い、また、それを自分なりの方法でさらに次の者に受け渡すことになる――それゆえ、何らかの方法でほとんど無限にまで及ぶことがないような思想はなく、発明もなく、完全化というものもない。私が自分の計り知れない存在全体に対して自然と作用しないような行動をまったくなさないように、あるいはそうした思想をまったく考えないように、私にしても、私の種属のどの被造物にしても、それぞれによって種属全体のためにならないことや、種属全体の進展していく全体のために作用しないようなことは行わない。個々のものは、常に大きな波や小さな波を起こす。一つ一つが個々の魂の状態を変化させ、それゆえ、これらの状態の全体を変化させる。それは常に他のものに作用を及ぼし、それらの中でも何かを変化させる――最初の人間の魂の中で最初に考えられたことは、最後の人間の魂の中で最後に考えられることと関連しているのである。

もし言語が、ミツバチにとっての蜂蜜の巣のように、人間にとって生まれつきのものであるのなら、このきわめて大きく豪華な建物はたちまち崩壊してしまうだろう！　一人一人が自分のわずかばかりの言語を世の中にもたらすことになるが、この世にもたらすということが、理性にとっては、言語を自力で発明するということにほかならないので―何と哀しい個体になってしまうことか、一人一人の人間とは！　それぞれが自分の初歩的なものを発明し、それらの途中で死んでいき、それらを墓の中にもっていく。ミツバチが自分たちの技能建造物である巣をそのようにするのと同じである。あとに続く者がやって来て、また同じ初歩に苦しみ、同じ程度のところまで来て、あるいは同じようには大してできないまま死んで―こうしたことが無限に繰り返される。何も発明しない動物にあてはまる計画は、発明することを余儀なくされている被造物にはあてはまらない。さもなければ、それは〔神の〕計画なき計画になってしまうではないか！　誰もが自分のためにだけ発明するのであれば、無益な骨折りが無限に倍増する。また、発明する悟性からは最高の賞、すなわち成長することが奪われてしまう。

この連鎖のどこかで私が立ち止まる理由などあるだろうか？　また、私がこの同じ計画を認識しているかぎり、この言語を根源まで推論しない理由があるだろうか？　私が生まれるということが、すぐに私の一族の伝授の中に組み込まれるためであるのなら、私の父も、最初の先祖の最初の息子もそうだった。また、私が私の考えたことを自分の周囲や自分に続く者たちに拡げるように、私の父も、彼の先祖も、すべての父祖のうちの最初の者もそうしたのである。この鎖はどこまでも続いており、ただ一人のところ、すなわち最初の者のところでのみ停止する。そうして我々は皆、彼の息子であり、血族も伝授も言語も彼から始まる。人彼が発明を始めた。我々は皆、彼を真似て発明し、形成したり形成し損ねたりしている。人間の魂の中で生じたいかなる思想も失われることはなかった。しかし、この種属の技能は、動物の場合のように突如として完成した状態でそこにあったわけでは決してなかった。全体の経済性に従って、それは常に進歩し続けているし、進行し続けていた。ミツバチの巣を造るように発明されたものは何もなく、すべては発明する中で、作用し続ける中で、努力し続けている状態にあった。この観点において、言語は何と大いなるものになっていくことか！　人間の思想の宝庫、そこでは誰もが自分なりに何かしらの貢献をした！　それはあらゆる人間の魂の働きの総計である。

　だが、それも最大でも―と、人間を貴族の別荘地や君主の領地とみなしたがる先ほどの哲学がここに割り込んできて言う―最大でも、血族やその土地の言語が生まれた地域それぞれの最初の祖先までしかこの連鎖は及ばないだろう、と。私にはわからない。なぜそれはそこまでしかなく、さらにその先まで及んではいけないのだろうか？　なぜこれらの地域の父祖たちがまた共通で一人のいわば地球の父をもっていたということはないのだろうか？「この血族の経済性の継続的な類似全体が、それを必要としているのだから」。そうだ、我々は「弱く惨めな一組の男女を地上の片隅に置いて危険にさらすことがまるで賢明であるかのようではないか？」という非難をすでに耳にした。それなら、そのような弱い男女を何組も別々に地球のあちこちの片隅に置いて一〇倍もの悪意ある危険にさらすことがより賢明だったかのようではないか？　この無謀な状況は、至る所で同じであるばかりでなく、多様化が起こるたびに無限に増大される。ある一組の男女が、どこかしら地上で最もよく、最も快適な気候の中におり、そこでは季節が彼らの裸体に厳しすぎることがなく、そこでは肥沃な大地が彼らの未経験さから来るさまざまな欲求におのずと役立ち、そこでは彼らの幼稚な技術を助けるために、いわばいっさいのものが作業場のようにまわりに置いてあるところ—こうしたところにいる男女は、他のあらゆる土着動物的人間よりも賢明に配慮されているのではないか？　彼ら以外のほうが、ラップランドやグリーンランドのきわめて陰鬱な空の下で、むきだしで凍った自然のありとあらゆる貧しさに取り囲まれ、欠乏と飢えでいっそう残酷になっている動物たちの鉤爪《かぎづめ》にさらされて、それゆえ無限に多くの煩労にさらされているのだから。したがって、こうした原初の地上の人間の数が倍増すればするほど、生命維持の確実さは減っていく。それでは、あの恵まれた気候にいる男女のほうは、いったいいつまで二人きりのままでいるのだろう？　彼らは程なく家族になり、程なく小さな民族になり、また民族として広がり始める。すると、彼らは別の土地にやって来る—すでに民族として入ってくるのである—そのほうがいかに賢明であることか！　いかにより確実であることか！　人数は多くなり、鍛えられた肉体をもち、試練を経た魂をもち、彼らの祖先のさまざまな経験という財産を相続して—何と幾重にも強められ、倍増された魂であることか！　今や彼らはこの地域における土着被造物へとみずからを完成させる能力をもっているのだ！　その気候の動物が土着であるのと同じように、彼らは程なく生活様式、思考方法、言語をそなえた土着のものとなる—このことはまさに、ある一つの中心点から発してあらゆる方向にみずからを形成することができる人間精神の自然な進歩を証明してはいまいか？　重要なのは、単に数の多さでは決してなく、その意義の妥当性と漸進性である。すなわち、重要なのは、弱い主体の量では決してなく、それによって彼らが発揮する力である。これらの力は最も単純な状況においてこそ最も強く作用するので、結合のこの一点から発する絆こそが血族全体を包み込むのである。

[#『歴史哲学〔…〕』〔ヴォルテールの *La philosophie de l'histoire*, London (?), 1765（邦訳『歴史哲学——『諸国民の風俗と精神について』序論』安斎和雄訳、法政大学出版局、一九八九年）のこと〕。]

私は、この単一祖先起源説について、次のような根拠には立ち入らないことにする。例えば、動物の種属のようにその名を受けるにふさわしい新たな人間の種属に関する真実のデータがまだ発見されていないこと。あるいは、地球が明らかにゆっくりと進展的に人間によって住まわれたということが、土着の動物とは正反対であることを示していること。文化やそれと類似した習慣の鎖が、それを比較的曖昧にではあるが示していること、等々。私は言語のもとにとどまることにしよう。人間が民族動物であり、それぞれ自分の言語を他の民族とはまったく関係なく独力で発明したのだとすれば、それは確実に土星人と地球人のあいだで見られるような相違を示すに違いない——しかし、［我々のもとでは］明らかにすべてが一つの基盤の上で進歩している。一つの基盤というのは、形式についてだけでなく、実際に人間精神の歩みに関することである。というのも、地球上のあらゆる諸民族のもとで、文法がほぼ一様に構築されているからである。私の知るところでは、中国語だけが本質的な例外であり、それを私は例外としてきちんと説明できると思う――もし地球が言語を発明する土着動物であふれているとしたら、いかに多くの中国語文法があり、またそれに類したものがいかに多くあるに違いないことか！

非常に多くの民族がアルファベットをもっており、だがしかし地球上にほとんどただ一つのアルファベットしかないということは何に由来しているのだろうか？　恣意的な言葉の構成要素、すなわち音声から恣意的な記号を形成するというのは奇妙で無理な考えであり、あまりに唐突で、あまりに錯綜しており、あまりに奇妙なので、その結果、いかにしてこれほど多くの人々にかくもかけ離れて同一の思想が生じ、またすべての人々が一様にそれを思いついたのかを説明することはきっと不可能だろう！　それらの民族すべてが、はるかに自然な記号である事物の形象をやり過ごして気音を描き、可能なものすべての中から同じ二〇の気音を描いて、残りの欠けているものをその二〇で何とかやりくりしたということ、また、この二〇のものに加えて非常に多くの人々が同一の恣意的な記号を選んだということ――ここで伝承ということが明白になりはしないだろうか？　オリエント諸語のアルファベットは、基本的に一つのものである。ギリシア語、ラテン語、ルーン文字、ドイツ語などは、そこからの派生物である。ドイツ語はまだコプト語と共通の文字をもち、アイルランド人たちは大胆にもホメロスを自分たちの言語からの翻訳だと明言した。信頼の度合いに多少の差はあれ、諸言語の根底にある親縁性を完全に見誤ることなど誰にできようか？　地球上に人間という民族は一つしか住んでいないように、人間言語もただ一つしか存在しない。しかし、この大きな種属が多くの小さな地元種へと民族化されたように、彼らの言語もそれと違《たが》わず民族化されたのである。

多くの人々がこの言語血族の系統図を試みたが、私はそれを試しはしない——というのも、多くの副次的原因が、この系統の中で、またこの系統を見分ける際に、語源をたどる哲学者にも予測できず、彼の作る系統樹を欺《あざむ》くような変化をどれほど多く作り出したことだろうか。さらに、旅行記の著者や宣教師のあいだですら、真の言語哲学者はあまりに少なかった。彼らは我々に諸民族の言語の精神や特徴的な基盤について報告することができなかったし、報告しようとする者も少なかった。その結果、皆ここでは一般的にまだ思い違いをしている状態にある。彼らは単語目録を提供してくれる——しかし、そのガラクタから推論しろというのだ！　真の言語演繹法の規則は非常に洗練されているので、ごく少数の＝＝いや、これはどれも私のすべき仕事ではない！　全体としては、以下の自然法則が依然として明らかである。言語は人類とともに繁殖し、継続的に形成される。この法則に関して［さまざまな次元を提供する］要点のみを列挙することにしよう。

I　人間は誰もが自分の血族全体がもつすべての能力を当然もっており、国民の誰もがすべての国民がもつ能力をもっている。そうした中で、ともかく真実なのは、社会のほうが一人の人間より多くを発明し、人類全体のほうが一つ一つの民族より多くを発明するということだ。しかも、それは頭数だけによってではなく、幾重にも倍増し、内的にも充実した状況に基づいて、である。例えば、切迫した欲求がなく、快適な生活を送っている孤独な人間のほうがはるかに多く言語を発明できると考えるべきだ、と言う人がいる。閑暇に励まされて自分の魂の力を鍛え、それによって何か新しいものを考え出す、等々と。ただし、その逆であることは明白だ。社会がなければ、彼は何らかの方法で野生化してしまうし、もし彼が必要最低限の欲求を満たすことを生活の中心にするようなら、無為のうちに程なく衰弱してしまうことになる。彼はその根からもぎ取られ、茎から折り取られ、倒れて枯れてゆく花と同然である。—社会とさまざまな欲求の中に彼を戻すなら、彼は自分と他人の面倒を見なくてはならないではないか、と言う人がいる。これらの新たな重荷が自己をさらに向上させる自由を奪ってしまい、その負担の増加が発明する余暇を奪ってしまうことも考えるべきだ、と言う人がいる。しかし、それはまさに逆である。その欲求が彼を大いに働かせる。その労苦が彼を目覚めさせる。その忙しさが彼の魂を活動状態に保つ。自分がそれをしていることそのものが不思議だと思えば思うほど、彼はますます多くのことをするようになる。したがって、こうして言語の継続的な形成は、一個人から家族をもつ人間に至るまでの非常に複合的な関係性の中で増進する。他のすべてのことは別としても、孤独な人間は、孤独な言語哲学者であるとしても、自分の荒涼とした島で、いかにわずかしか発明できないことか！　部族の父祖や家族をもつ男のほうが、どれほど多く、よりたくましく発明できることか。それゆえに自然はこの継続的な形成を選んだのである。

II　個々に孤立した家族は、多忙なときや他の部族との戦いなどの場合よりも、快適さと余暇がある場合にいっそう言語を発達させることができると考えられている。だが、決してそうではない。他の家族に対抗していればいるほど、その家族はみずからの中でそれだけ強く団結する。それだけみずからの根《ルーツ》に向けられた感情を多く抱き、祖先の行為をさまざまな歌謡にし、歓呼し、永遠の記念碑にする。また、この言語という記念物をそれだけ純粋かつ愛国的に保つ――言語の継続的な形成は、父祖の方言として、それだけ力強く進展していく。それゆえに自然はこの継続的な形成を選んだのである。

III　だが、時とともにこの部族が小さな国家へと成長していくと、それは自分の領域の中で定着する。それは自分の一定の欲求範囲をもち、またそれらの欲求のための言語ももっている。すべてのいわゆる野蛮な小諸国民について見られるように、その部族はそれ以上先に進むことはない。必要なものを分け与えられて、彼らは何世紀ものあいだ奇妙きわまりない無知の状態にとどまっていることもある。それは火が存在しないかの島や、ごく簡単で機械的な技術もない他の多くの民族のような状態だ。それはあたかも［眼前に何があるのかを］見るための目がないかのようなものだ。そのような者たちに対して別の諸民族が、愚かで非人間的な野蛮人だと騒ぎ立てるのは、そのためである。とはいえ、我々は皆、少し前まではまさに同じく野蛮人であり、これらの知識を他の諸民族から手に入れたにすぎないのだ！

それゆえ、かくも多くの哲学者たちが、まったく理解不可能なこととしてこの愚かさに軽蔑の叫びをあげているとはいえ、我々人類の経済性の類推に従えば、これ以上にわかりやすいことはないではないか！―ここで自然は一つの新たな鎖をつなげた。すなわち、民族から民族への伝承である！　このようにして、技術、学問、文化、言語が大きな漸進をしながら諸国家を経て洗練されていった。―自然が選んだのは、継続的な形成というきわめて洗練された絆である。

我々ドイツ人は、異文化という鎖が我々のもとにこれほど身近に押し寄せてこなかったなら、あるいはまた何世紀にもわたって我々にもともに介入することを強制しなかったなら、アメリカ人のように今なお穏やかに森の中で暮らしていたか、あるいは、その中で荒々しく戦《いくさ》をして英雄でいたことだろう。ローマ人はその教養をギリシアから得てきたし、ギリシア人はそれをアジアとエジプトから、エジプトはアジアから、中国はおそらくエジプトから手に入れ―このように、この鎖は最初の一つの環からつながっていき、おそらくいつかは地球上全体に及ぶことだろう。ギリシアの宮殿を建てた技術は、未開人の場合、森の小屋の建築にすでに現れている。メングスやディートリヒ[*21]の絵画は、ヘルマン[*22]の赤く塗られた盾のきわめて粗野な素地ですでに輝いていた。自分の軍隊を前にしたエスキモー[#]は、将来のデモステネスになるあらゆる萌芽をすでにもっている。また、アマゾン流域のかの彫刻師たちの国家は、おそらく一〇〇〇人もの将来のペイディアス[*23]を有している。いろいろな諸国民の時代や場所をいろいろと置き換えてみよう。そうすると、少なくとも温帯地域においては、すべてのものが古い世界におけるのと同様である。エジプト人とギリシア人、そしてローマ人と近代人も、築き続ける以外のことは何もしなかった。ペルシア人、タタール人、ゴート人、そして坊主どもが、そこに割り込んできて廃墟にしてしまう。だが、それだけ溌剌と、こうした古い廃墟のその中から、その後に、またその上にと、建築が続けられていく。技術のある程度の完成という鎖は、あらゆるものに及んで進展し（自然の別の特性が、そのために害をこうむるが）、したがってまた、言語にも同様に及んでいく。アラビアの言語は疑いもなく、最初の荒削りな始まりの母語より一〇〇倍洗練されている。我々のドイツ語は疑いもなく、古代ケルト語より洗練されており、ギリシア人たちの文法はオリエント語の文法より優れているし、そうなることができた。というのも、ギリシア語は娘だったからである。ローマの言語の文法はギリシア語文法よりも、フランス語文法はローマの言語の文法よりも哲学的になることができた。―巨人の肩に乗っている小人は、巨人自身よりももっと背が高いのが常ではないだろうか？

［＃ ド・ラ・コンダミーヌ。］

これで一気に、秩序と美しさを根拠にして言語の神的性格を証明するのがいかに欺瞞であるかが明らかになる―秩序と美は、そこに存在する。だが、いつ？　どのように？　どこから来たのか？　このかくも驚嘆されている言語が始源の言語なのだろうか？　それとも、数世紀もの、また多くの諸国家の子供ではないのだろうか？　見よ！　この偉大な建物は、諸々の国家や大陸や時代が携わって築いたものだ。それゆえ、かの貧弱な小屋が建築の起源でありえたということはないのだろうか？　人間がすぐにはこうした宮殿を建てることができなかったからといって、どこやらの神が、人間にそうした宮殿の建て方をすぐ教えなくてはならなかったのだろうか？――何という結論！　それは、いったいぜんたい何という結論であることか。この二つの山のあいだに架かる大きな橋がどのように築かれたのか、私にはよくわからない――そうなると、それは悪魔が築いたということになる！　相当な大胆さや無知がなくては、言語が人類とともにあらゆる段階や変化に従って継続的に形成されてきたことは否定できない。そのことを歴史や文芸、雄弁術や文法が示している、いや、たとえそれらが皆だめでも、理性が示している。こうして言語は不断に形成され続けているが、形成され始めるということはまったくなかったのだろうか？　あるいは、形成はひたすら人間的になされたのか。その結果、理性は言語なしに、あるいは言語は理性なしに歩むことはできなかったと――それなのに唐突に、言語の始まりだけは別だというのか？　また、それは意味や理由がなかったら、我々が最初に示したように違っていたのか？　どの場合でも、この言語における神的起源の仮説は――洗練されてはいるが隠れた無意味《ナンセンス》なのだ！

私は慎重に用いたこの厳しい言葉を繰り返して言おう、無意味《ナンセンス》〈！〉と。そして、最後に自分の見解を明確に述べることにしたい。言語の神的起源が意味するのは次のいずれかでしかない。

一方ではこうである。私は言語を人間の本性からは説明できない。したがって、それは神的である——そんな結論に意味があるだろうか？　それに反論する者は、それを人間の本性と言語の中から完全に説明できると述べる。——より多くを語ったのは、どちらのほうだろうか？　前者は幕の裏に隠れ込み、こちらに向かって呼びかける、ここに神がいるぞ〈！〉と。後者ははっきりと舞台に姿を現し、みずから動いて言う——「見よ！　私が人間だ！」——

あるいは高次の起源はこう述べる。私が人間の言語を人間の本性から説明することができないのだから、絶対に誰一人としてそれを説明することはできない——それはまったく説明不可能なものなのだ。この推論に結論などあるだろうか？　これに反論する者は言う。言語の始まりにおいて、あるいはその発展のどの段階においても、言語のいかなる要素も人間の魂から理解できないものはない。その中に言語を想定しないのであれば、人間の魂全体が説明できないものになってしまうではないか。言語を継続的に形成しないのであれば、人類全体が自然の種属ではいられなくなってしまう——より多くを語ったのは、どちらのほうだろうか？——意味あることを述べているのは、どちらのほうだろうか？

あるいは高次の仮説は最終的に次のようにすら述べる。言語を人間の魂から理解することは誰にもできず、それだけでなく、言語の本性やまたその種類の類推によると、人間には言語をとうてい発明できなかった、その原因が明らかに私には見えている。そう、私には見える。言語の中に、また神性の本質の中に、なぜ神以外の誰もそれを発明できなかったのか、その原因が明らかに見える、と。これで確かに推論は結論を得ることになるだろうが、それは同時にきわめて恐ろしい無意味《ナンセンス》になる。それはコーランの神に関するトルコ人によるかの証明[*24]と同じ程度にしか証明の可能性がない。「神の預言者以外の誰がそのように書けたというのか」。しかし、神の預言者以外の誰に、神の預言者にしかそう書くことができなかったことがわかるのか？　神のほかには誰にもそれを発明することができなかった、だと！　だがしかし、神のほかには誰にもそれを発明することができなかったということが、それでは誰にもわからないではないか！　それに、言語と人間の魂だけでなく、言語と神性を測り尽くそうなどということを、誰の手が不遜にもできるというのだろうか？

高次の起源には、賛成すべき点が何もない。それが拠り所にしているオリエントの文書[*25]の証言ですら、その説を支持していない。というのも、この文書は明らかに動物の命名を通して言語に人間的な始まりを認めているからである。人間的起源にはあらゆるものが賛成し、反対するものはまったく何一つとしてない。人間の魂の本質、言語の要素、人類の類推と言語の進展の類推—あらゆる民族や時代や世界の地域の大いなる実例があるのだ！

高次の起源は、いかに信心深く見えても、まったく神的ではない。一歩進むごとに、それはきわめて低俗で、きわめて不完全な人間化によって、神のことを卑小なものにしてしまう。人間的起源は神を最も大いなる光の中で示す。神の業《わざ》である人間の魂がみずからを通して言語を創造することによって、また、言語が彼の業であり、人間の魂であるがゆえに言語を創造し続けることによって。人間の魂は、一人の創り手として、神の本質の似姿として、理性のこの感覚器官をみずから造る。［言語の起源は、それが人間的であるかぎり、それにふさわしい仕方で神的である。」

高次の起源は、何の役にも立たず、またはなはだしく有害である。それは人間の魂のあらゆる活動力を破壊し、何一つ説明せず、あらゆるものを、あらゆる心理学を、そしてあらゆる学問を説明不可能にしてしまう──というのも、言語とともに人間は知識のすべての種を神から受け取ったとでもいうのだろうか？　そうなると、人間の魂からは何一つ生まれなかったと？　そうなると、芸術や学問や知識の始まりは、どれも常に理解不可能だと？　人間的起源は、展望なくしては一歩も前に踏み出させはしない。だが、その行く先には哲学のあらゆる分野や言語のあらゆるジャンルや表現に関するきわめて実り多い説明がある。筆者は、いくつかのものをここで提供したが、それについてはなお多くを提供することができる［──────］。

本論文によって、あらゆる側面から見て人間精神にとって靄のように朦朧としたものや不名誉にしかならず、また長いことそうしたものとして存在し続けてきた仮説を駆逐できるのなら、筆者はいかにうれしく思うことだろうか！　まさにそのために、アカデミーの命令に違反して、何ら仮説は提供しなかった。その一つの仮説が他の仮説の代わりになったり、同じようなことになったりするのはいかがなものか？　それに、仮説の形式をもつものは哲学的小説として眺められるのが常ではないか──ルソー、コンディヤック、その他の人々でもそうではないか？　筆者がむしろ努めたのは、人間の魂、人間の組織、すべての古くて未開の言語の構造、および人類の経済性全体から確実なデータを集めることであり、自分の命題を、最も確実な哲学的真実が証明されうるのと同じように証明することである。それゆえ、筆者は、その不従順によって、そうでない場合よりもむしろアカデミーの意にかなうことができたものと信じる――――

訳　注

第一部

＊1　人間は動物でもある、という考えを前提としている。精緻な機械としての動物として（ラ・メトリ『人間機械論』（第一部・訳注＊20参照））、あるいは、動物より高い段階の存在として（ビュフォン『一般と個別の博物誌』（第一部・訳注＊51参照））人間を位置づける、当時の人間論を反映した一文。手稿最終稿（「ɑ」）では、他の手稿や初版と違うコンマの置き方がされている。「もう、動物として、人間は言語を持っている（Schon, als Their [sic], hat der Mensch Sprache）」。初版やズプハン全集版では „Schon als Thier [sic], hat der Mensch Sprache“ であり、レクラム文庫版では „Schon als Tier hat der Mensch Sprache“ となっていて、「動物としてすでに（schon als Tier）」というまとまりに見える可能性がある。しかし、「ɑ」の区切りから判断すると、「まごうかたなく人間は言語をもっている」という文に「動物として」が挿入されていると読める。

＊2　ギリシア神話の英雄。ヘラクレスから弓矢を与えられ、トロイア遠征に向かうが、途中で毒蛇に嚙まれて傷つき、腐臭と苦痛からの呻きが酷かったため、無人島レムノス島に置き去りにされる。ソポクレスによる同名のギリシア悲劇がある。ヘルダーも一七七四年にこの題材で戯曲的作品を作り、J・C・F・バッハが付曲した（楽譜は行方不明）。

＊3　ライプニッツ（第一部・訳注＊47参照）が『モナドロジー』で述べる「窓のない」モナドのこと。「自我中心的（egoistisch）」とは、魂が外部からの影響をまったく受けない状態という意味の形容表現だろう。ここでヘルダーは、人間はそうした存在ではないと述べているが、モナド概念自体を否定している

わけではない。この比較は一七八九年の第二版でも残っている。

＊4　古代ギリシアの長編叙事詩であるホメロス『イーリアス』に登場する、アポロンがギリシア（アカイア）軍に向けて放った銀の弓の矢からの連想か。光明の神であるアポロンは、治療神という属性ももっているが、この銀の弓の矢は疫病の矢であり、ギリシア兵に苦痛を与える。この銀の弓については、第一歌三六行以下に歌われている。

＊5　手稿最終稿にはあるが、清書稿で削除された文。清書稿へのヘルダーの書き込みのうち、単語単位の削除は太めの線でなされているが、ここは螺旋状の細い削除線が引かれている。ヘルダーによる加筆部分が同様の細さの線であるため、清書稿の修正には二つの段階があったと想定できる。原稿の三行分にもわたる大幅な削除は、現存する清書稿で確認できるかぎり、この一箇所のみである。

＊6　「調性」の意味もある語（Tonart）が用いられている。さまざまな情動を調性や音のつながりによっていかに表現するか、という音楽理論との関連も考えられる。

＊7　『イーリアス』でトロイアの王子である英雄ヘクトールが馬と話をする場面が第八歌一八三―一九七行にある。ヘルダーは『近代ドイツ文学についての断想集』第一集改訂版（第三断想第三節）で同様のことを述べている。『イーリアス』では、他にもアキレウスが馬と話をする場面（第一九歌三九九―四二四行）がある。

＊8　スカンディナヴィア半島北部からロシアのコラ半島にかけての地域に暮らし、サーミ語を話す民族。「ラップランド」は辺境を指す蔑称であるため、現在はこの先住民族のことをサーミ人と呼ぶ。

＊9　プラトン『パイドン』六〇B―C。苦痛と快楽の不可分な関係について述べている箇所。ソクラテスは、アイソポス（イソップ）がこのことを知っていたら次のような寓話を作っただろう、と言う。いがみ合っている苦痛と快楽を神が和解させようとするが、それが無理だとわかると、両者の端と端を結わえた。その結果、心地よいことがあれば不快なことが、不快さのあとには心地よさが必ずついてくるように

なったのである。

＊10　トーマス・ショウ（Thomas Shaw）（一六九四―一七五一年）は、イギリスの探検家、聖職者。アフリカ北部と地中海東部に関する旅行記（*Travels, or, observations relating to several parts of Barbary and the Levant*, Oxford, 1738）を記している。ヘルダーが参照したのは、一七六五年にライプツィヒのブライトコプフ社から出版されたドイツ語訳 *Reisen oder Anmerkungen verschiedene Theile der Barbarey und der Levante betreffend*, Leipzig, 1765 である。

＊11　北アメリカの先住民族。同じ語族に属する複数の部族を指す。イロコイは「毒蛇」を表す他部族による呼称であり、自称は「ロングハウスに住む者」という意味のホゥデノゥショゥニ。

＊12　ヨハン・ペーター・ズュースミルヒ（Johann Peter Süßmilch）（一七〇七―六七年）は、神学者にして統計学者で、「ドイツの人口統計学の父」とも称された。人口の推移に神の摂理が働いているとする著作を一七四一年に出版し、一七四五年には王立学術アカデミー会員になる。本書の原注で略記された言語起源に関する著作の題名は『最初の言語が人間でなく創造主のみにその起源をもつことを証明する試み（*Versuch eines Beweises, daß die erste Sprache ihren Ursprung nicht vom Menschen, sondern allein vom Schöpfer erhalten habe* [...]）』（ベルリン、一七六六年）。

＊13　ヨハン・ハインリヒ・ランベルト（Johann Heinrich Lambert）（一七二八―七七年）は、スイス・アルザス（ミュルーズ）出身で、ドイツの数学者、物理学者、哲学者。円周率が無理数であることを証明したことでも有名。『オルガノン』の完全な書名は『新オルガノン、または真なるものの研究と特徴づけ、また誤謬や仮象から真なるものを区別することに関する考え（*Neues Organon oder Gedanken über die Erforschung und Bezeichnung des Wahren und dessen Unterscheidung vom Irrthum und Schein*）』（ライプツィヒ、一七六四年）。

＊14　セバスティアン・ラスレ（Sébastian Rasles）（一六五七―一七二四年）は、フランスのイエズス会

士。カナダのアベナキ族に関する報告が、*Lettres édifiantes et curieuses, écrites de missions étrangères*, Paris, 1726 の第一七巻にある。

＊15　ピエール＝ジョセフ＝マリー・ショモノー（Pierre-Joseph-Marie Chaumonot）（一六一一—九三年）は、フランスのイエズス会士。宣教のために滞在したカナダで北アメリカの先住民族ワイアンドット族（ヒューロン族）の言語を学び、記録した。ヘルダーは別のイエズス会士（シャルルヴォワ（第一部・訳注＊22参照））の著作からこの情報を得たため、Chaumont と誤記している。レクラム文庫版の注では Pietro Giuseppe Maria Calmonotti あるいは Chaumonot を指すと指摘されているが、そこに記された「一六三九年没」という記述は、おそらく「一六三九年にカナダに派遣された」の誤り。その影響か、フランクフルト選集版の人名索引では、項目名が「Pietro Giuseppe Maria Chaumonot」、生没年は不明、とされている。

＊16　インカ・ガルシラーソ・デ・ラ・ベーガ（Inca Garsilaso de la Vega）（一五三九—一六一六年）は、インカ生まれのスペインの著作家、歴史家。ほぼ同名でインカを侵略したスペインの軍人セバスティアン・ガルシラーソ・デ・ベーガ（一五〇〇頃—五九年）の息子。一七〇四年にアムステルダムでフランス語訳が出版されたインカ・ガルシラーソ・デ・ラ・ベーガの『インカの歴史、ペルーの王たち』のフランス語新訳（*Histoire des Yncas, Rois du Perou. Traduite de l'Espagnol de l'Ynca Garcillasso de la Vega, par J. Baudoin*）が一七四〇年にパリで出版されているが、その際の著者名には「インカ」が欠けているため、ヘルダーも同様に記したと思われる。

＊17　シャルル＝マリー・ド・ラ・コンダミーヌ（Charles Marie de La Condamine）（一七〇一—七四年）は、フランスの地理学者、数学者、百科全書派の知識人。一七四三年から四五年にアマゾンを探検し、地理学のみならず植物学や動物学の面でも貢献した。ここで参照されている南米内陸部の旅行記の原題は *Relation abrégée d'un voyage fait dans l'intérieur de l'Amérique méridionale*, Paris, 1745.

＊18　シモン・ド・ラ・ルベール（Simon de la Loubère）（一六四二—一七二九年）は、フランスの外交官、詩人。一六八七年から八八年にシャム（現在のタイ）で外交活動を行った。フランスに帰国したあとに著した歴史書『シャム王国誌（*Description du Royaume de Siam*）』（アムステルダム、一七〇〇年）は、当時のアユタヤー王朝に関する資料としても評価されている。

＊19　人間よりも高等な存在（ein höheres Wesen）として、神のような存在を指しているが、不定冠詞がついているので特定の宗教の神のことではない。

＊20　一七世紀フランスの哲学者ルネ・デカルト（René Descartes）（一五九六—一六五〇年）は、人間を含めた生物の身体を時計や水車のような機械とみなしたが、人間は魂をもつのに対して、魂がない動物は自動機械であるとした。このあと本文に「機械」という語が数回出てくるが、いずれも有機体としての身体を指す。魂の存在を否定して、人間も動物と同様の機械であるとした唯物論者ラ・メトリの『人間機械論』（一七四七年）（邦訳『人間機械論』杉捷夫訳、岩波書店（岩波文庫）、一九五七年）も参照。

＊21　ジャン・ド・レリ（Jean de Léry）（一五三六—一六一三年）は、フランス出身のカルヴァン派の聖職者で探検家。一五五六年から五八年のブラジル滞在をもとにブラジル先住民族に関する旅行記（*Histoire d'un voyage fait en la terre du Brésil*, La Rochelle, 1578）を著した。

＊22　ピエール・フランソワ・グザヴィエ・ド・シャルルヴォワ（Pierre François Xavier de Charlevoix）（一六八二—一七六一年）は、フランスのイエズス会士、探検家、歴史研究者。当時はフランスの植民地ヌーヴェルフランスだったケベックに派遣され、一七〇五年から四年間、文法と修辞学を教えた。一七二〇年から二二年に今度はヌーヴェルフランスでの探検調査活動を行い、北アメリカの先住民族と接触した。ここでヘルダーが指しているのは『近代フランス語の歴史と概説（*Histoire et description générale de la Nouvelle France*）』（パリ、一七四四年）の記述。

＊23　エティエンヌ・ボノ・ド・コンディヤック（Etienne Bonnot de Condillac）（一七一四—八〇年）

は、フランスの聖職者、哲学者。感覚を重視した経験論を展開した。言語に関する主な著作は『人間認識起源論（*Essai sur l'origine des connaissances humaines*）』（アムステルダム、一七四六年）。コンディヤックは一七六五年から八〇年にフランス北東部のミュロー修道院長職にあった。

＊24　ジャン゠ジャック・ルソー（Jean-Jacques Rousseau）（一七一二―七八年）は、ジュネーヴ生まれのフランスの哲学者、作家、作曲家。ヘルダーが略記している、いわゆる『人間不平等起源論』の書名は『人間のあいだにおける不平等の起源と基盤についてのディスクール（*Discours sur l'origine et les fondements de l'inégalité parmi les hommes*）』（アムステルダム、一七五五年）。ディジョンのアカデミーから出題された一七五四年の懸賞課題「人間の不平等の起源は何か。不平等は自然法によって正当化されるか」に応えた論文だったが、賞は逃している。

＊25　ピエール゠ルイ・モロー・ド・モーペルテュイ（Pierre-Louis Moreau de Maupertuis）（一六九八―一七五九年）は、フランスの数学者、哲学者。一七四〇年にプロイセン国王フリードリヒ二世（大王）によりベルリンに招かれる。一七四六年から五七年までプロイセン王立学術アカデミー会長。言語の起源に関する著作は『言語の起源と言葉の意味に関する哲学的省察（*Réflexions philosophiques sur l'origine des langues et la signification des mots*）』（パリ、一七四〇年）（邦訳『言語の起源と語の意味指示に関する哲学的省察』、『言語表現の起源をめぐって――モーペルテュイ、テュルゴ、メーヌ・ド・ビラン』益邑齊・冨田和男訳、北樹出版、二〇〇二年所収）。小さな版で約五〇頁の本なので、ヘルダーが「小著」と言っているのはこの『省察』のことだろう。

＊26　ディオドロス・シケリオテス（ラテン語 Diodorus Siculus）（前一世紀）は、シケリア島生まれの古代ギリシアの歴史家。エジプトを旅し、ユリウス・カエサルからアウグストゥスにかけての時代のローマに滞在。少なくとも前二一年までは生きていたと推測されている。もとは四〇巻から成っていたという世界史の著作『歴史叢書』（ラテン語では *Bibliotheca Historica*）がある。ここで言われているのは、第二

巻（第一章第二節）。次のウィトルウィウスに関する記述との組み合わせは、『近代ドイツ文学についての断想集』第一集改訂版（第三断想第二節）にも出てくる。

＊27 マルクス・ウィトルウィウス・ポッリオ（Marcus Vitruvius Pollio）（前一世紀）は、アウグストゥス時代のローマの建築家、建築理論家。その著書『建築について（*De Architectura*）』（邦訳『ウィトルーウィウス建築書』森田慶一訳註、東海大学出版会（東海大学古典叢書）、一九六九年）は、現存する最古の建築理論書と言われている。その第二巻第一章の記述のこと。

＊28 原注にあるとおり、ライマールスのこと。ヘルマン・ザムエル・ライマールス（Hermann Samuel Reimarus）（一六九四―一七六八年）は、ドイツの哲学者。理神論の立場から、啓蒙主義初期の聖書批判の先駆者となった。ここで言われている彼の著作は『動物の衝動に関する一般的観察（*Allgemeine Betrachtungen über die Triebe der Thiere, hauptsächlich über ihre Kunsttriebe. Zum Erkenntniß des Zusammenhanges der Welt, des Schöpfers und unser selbst*）』（ハンブルク、一七六〇年）。この著作について、レッシング（Gotthold Ephraim Lessing）（一七二九―八一年）が『最新の文学に関する書簡（*Briefe, die neueste Literatur betreffend*）』の第一三〇書簡と第一三一書簡で見解を述べている。

＊29 エゲリアはローマ神話の水の精霊《ニュンペー》。ローマ二代目の王ヌマ・ポンピリウスの妻であり、太古の神聖な森で助言を授ける存在として知られる。古代ローマの歴史家リウィウスによる『ローマ建国以来の歴史』第一巻第一九章（邦訳『ローマ建国以来の歴史1』岩谷智訳、京都大学学術出版会（西洋古典叢書）、二〇〇八年）も参照。

＊30 ミネルヴァ（ミネルウァ）は、ローマ神話の女神で知恵や詩や工芸を司る。音楽の発明者ともされる。芸術作品では、知恵の象徴であるフクロウをともなって、あるいはフクロウとして描かれることが多い。

＊31 手稿最終稿にはあるが、清書稿では欠落している。ただし、清書稿からヘルダーが削除したわけでは

ない。

＊32　このダッシュは手稿最終稿にはあるが、清書稿には欠落している。それに代わって［　］内の文が追加されている。

＊33　以下は現存する手稿最終稿に欠けている部分。下線による強調が不明なため、この部分に関しては、清書稿のヘルダーによる下線を参考にして強調箇所を再現した。

＊34　エドワード・サーチ（Edward Search）、本名はエイブラハム・タッカー（Abraham Tucker）（一七〇五―七四年）。イギリスの哲学者で、全七巻から成る『自然の光を追い求めて（*The Light of Nature Pursued*）』（一七六八―七八年）を著した。

＊35　清書稿でLeowallと記されていたのをヘルダーがKnowallと訂正したにもかかわらず、初版ではLeowallと記載されている。レクラム文庫版の注では、タッカーがカスバート・コメント（Cuthbert Comment）というペンネームでも執筆活動をしていることに触れ、ノゥオールという架空の論敵をヘルダーが付け加えた、としている。このカスバート・コメント名義による小論のタイトルは「自分探しをしている男（Man in Quest of Himself）」（一七六三年）である。サーチ（「探す」）という名との対比でknow-all（「知ったかぶり」）にかけた人名を作ったか。

＊36　このBesonnenheitという語は、これまでの『言語起源論』邦訳では「内省意識」（木村直司訳）、「意識性」、「意識のめばえ」（大阪大学ドイツ近代文学研究会訳）と訳されている。元になっている動詞は「深く考える」、「熟慮する」という意味のbesinnenである。「反省（Reflexion）」という概念に重なる概念ではあるものの、コンディヤックが『人間認識起源論』で用いているréflexionという概念ではなく、あえてBesonnenheitという語を選んだ意味は再検討の余地がある。ギリシア語でσωφροσύνηであるこのBesonnenheitという概念は、時間をかけてよく考え、自己抑制をした上での落ち着きを意味し、古代ギリシア以来、哲学、特に徳倫理学において重要な概念である。新約聖書でもパウロの牧会書簡（『テモ

テへの手紙二』第一章）に出てくるが、ルター訳聖書では Besonnenheit ではなく Zucht（「自己規律」）とかつては訳されていた。イギリス経験論哲学者のデイヴィッド・ヒュームが『道徳原理の研究（*An Enquiry Concerning the Principles of Morals*）』（ロンドン、一七五一年）（邦訳『道徳原理の研究』渡部峻明訳、哲書房、一九九三年）で、この概念に言及している。本訳では、ヘルダーがフランス語的な単語 Reflexion をあえて避け、日常的に用いるドイツ語 Besonnenheit を選んだことを重視した。

＊37　フランス語 réflexion には本来アクサン記号が必要だが、ヘルダーの手稿最終稿ではフランス語に限らず、ギリシア語でもアクセント記号や気息記号は付されていない。

＊38　この Merkmal という概念を木村直司訳は「標識」、大阪大学ドイツ近代文学研究会訳は「しるし」と訳している。

＊39　モーゼス・メンデルスゾーン（Moses Mendelssohn）（一七二九―八六年）がドイツ語に翻訳したルソーの『人間不平等起源論（*Abhandlung von dem Ursprunge der Ungleichheit unter den Menschen, und worauf sie sich gründe*）』（ベルリン、一七五六年）には、メンデルスゾーンがレッシングに宛てた書簡が付されている。そのなかで、人間の言語が音声の模倣から成立した例として挙げられた小羊のこと。同様の発想はすでにプラトン『クラテュロス』（四二三C）に見られる。

＊40　何かを見たいという欲求が目の機能の進化を促すなど、「魂が身体を築く」という生気論的な考え方。古代ギリシア以来の理論ではあるが、一八世紀ドイツでは医学者シュタール（Georg Ernst Stahl）（一六五九―一七三四年）が有名。

＊41　ウィリアム・チェセルデン（William Cheselden）（一六八八―一七五二年）は、イギリスの外科医。一七二八年に人工瞳孔を形成する手術によって盲目疾患を治療したことは、当時画期的な出来事であり、それは医学のみならず、哲学、特に認識論に多大な影響を与えた。手術によって目が見えるようになった患者が、それまで触覚で認識していたものを視覚でも認識できるようになったからである。感覚と認

識の関連は、コンディヤックや同じくフランスの哲学者ディドロ（Denis Diderot）（一七一三―八四年）においても、きわめて重要なテーマである。

*42 人間のこと。具体的には聖書に記された天地創造物語におけるアダムを指している。「隠れた（verfüllt）」かつ「目に見える（sichtbar）」という矛盾する表現によって言われているのは、神の似姿（*imago Dei*）、すなわち神に似せて創造された存在としての人間のこと。ヘルダーの師友ハーマン（第一部・訳注*50参照）の『美学提要』の冒頭部分に、この表現にきわめて類似した箇所がある。アダムによる動物の命名に関しては、次注も参照。

*43 旧約聖書のこと。ここで引用されているのは『創世記』第二章第一九節。日本聖書協会の新共同訳では「主なる神は、野のあらゆる獣、空のあらゆる鳥を土で形づくり、人のところへ持って来て、人がそれぞれをどう呼ぶか見ておられた。人が呼ぶと、それはすべて、生き物の名となった」。

*44 フランシス・ベーコン（Francis Bacon）（一五六一―一六二六年）は、イギリスの哲学者。ドイツ語では、ラテン語風にBaron Baco von Verulamとも称される。出典は不明だが、レクラム文庫版の注は、ベーコンの主著『ノヴム・オルガヌム（*Novum Organum*）』（ロンドン、一六二〇年）（邦訳『ノヴム・オルガヌム（新機関）』桂寿一訳、岩波書店（岩波文庫）、一九七八年）、または『学問の威厳と進歩について（*De dignitate et augmentis scientiarum*）』（ロンドン、一六二三年）（邦訳『学問の進歩』服部英次郎・多田英次訳、岩波書店（岩波文庫）、一九七四年）の可能性を指摘している。

*45 古代ローマの女神ウェスタに仕える巫女のこと。ウェスタは竈《かまど》の神で、家庭の守護神。その炎を守ることがローマを守ることをも意味したため、ウェスタの聖職団である処女たちは特別な待遇を受けていたようである。四世紀にキリスト教が国教化される中で廃止されたが、ポンペイでのウェスタ神殿の発掘がきっかけとなり、一八世紀以降も芸術の題材として注目された。また、ヘルダーが直接交流のあった作曲家クリストフ・ヴィリバルト・グルック（Christoph Willibald Gluck）（一七一四―八七年）に、ウェス

タの処女を主人公にした一幕もののオペラ《証明された無実（*L'innocenza giustificata*）》（一七五五年）がある。

＊46　手稿最終稿では否定詞 nicht がある。清書稿段階でヘルダーが nicht に削除線を施した結果、初版では「名詞から動詞ができた」となっている。そのため、初版を底本としているフランクフルト選集版にも否定詞はない。一七八九年の第二版でも修正されていないが、ズプハン全集版およびレクラム文庫版は手稿最終稿のとおりに否定詞を入れている。ここでは動詞と名詞のいずれが先か、という文脈で「動詞が先である」という内容の文なので、否定詞があるほうが論理上、適切である。

＊47　ゴットフリート・ヴィルヘルム・ライプニッツ（Gottfried Wilhelm Leibniz）（一六四六―一七一六年）は、ドイツの哲学者、数学者。ベルリン王立学術アカデミーの成立に貢献し、初代会長となる。『人間知性新論（*Nouveaux Essais sur l'entendement humain*）』（一七〇四年）（邦訳『人間知性新論』米山優訳、みすず書房、一九八七年）第三巻第一章「言葉あるいは言語一般」の第一節で音楽と言語の関係について述べている。原注で挙げられているのはルドルフ・エーリッヒ・ラスペ編の全集版（*Œuvres philosophiques latines & françoises de feu Mr. de Leibnitz. Tirées de ses manuscrits qui se conservent dans la bibliotheque royale a Hanovre, et publiées par Mr. rud. Eric Raspe. Avec une préface de Mr. Kaestner professeur en mathématiques à Göttingue*, Amsterdam et al., 1765）のこと。

＊48　フランチェスコ・ペトラルカ（Francesco Petrarca. 本名 Francesco Petracco）（一三〇四―七四年）は、イタリアの詩人、人文主義者。一三二七年の聖金曜日にアヴィニヨンの聖キアーラ（クレール／クララ）教会で出会ったという人妻ラウラに捧げた抒情詩集『カンツォニエーレ』で有名（邦訳『カンツォニエーレ――俗事詩片』池田廉訳、名古屋大学出版会（名古屋大学出版会古典翻訳叢書）、一九九二年）。その女性が実際にラウラという名前だったか、そもそも実在したかどうかは不明。

＊49　ジョン・ブラウン（John Brown）（一七一五―六六年）のこと。イギリスの聖職者、文筆家。ここ

で挙げられているのは『詩と音楽の発生、合一、力、成長、分離、滅亡に関する考察（*A Dissertation on the Rise, Union, and Power, the Progressions, Separations, and Corruptions, of Poetry and Music. To which is Prefixed, The Cure of Saul, a Sacred Ode*）』（ロンドン、一七六三年）。ドイツ語訳がライプツィヒで一七六九年に出版されている。

＊50　ヘルダーの師友ハーマン（Johann Georg Hamann）（一七三〇—八八年）の著作『美学提要（*Aesthetica in nuce*）』（一七六二年）（邦訳『北方の博士・ハーマン著作選』川中子義勝訳、沖積舎、二〇〇二年所収）でも用いられている表現。「切り刻まれた詩人の肢体」は、古代ローマの詩人ホラティウス（Quintus Horatius Flaccus）（前六五—前八年）の『諷刺詩（*Satirae*）』第一巻第四歌六二行からの引用。

＊51　ビュフォン伯ジョルジュ＝ルイ・ルクレール（Georges-Louis Leclerc, Comte de Buffon）（一七〇七—八八年）は、フランスの博物学者、数学者、植物学者。没後に追加された八巻を含め、全四四巻の『一般と個別の博物誌（*L'Histoire Naturelle, générale et particulière*）』（パリ、一七四九—一八〇四年）で著名。本文との関連では、一七四九年刊行の第二巻のうち「人間の自然誌」。シャルル・ボネ（Charles Bonnet）（一七二〇—九三年）は、スイスの自然学者、哲学者。ここに関連しているのは『心の働きについての分析的試論（*Essai analytique sur les facultés de l'âme*）』（コペンハーゲン、一七五九年）。

＊52　イギリスの劇作家シェイクスピア（William Shakespeare）（一五六四—一六一六年）による喜劇『真夏の夜の夢（*A Midsummer Night's Dream*）』（ロンドン、一六〇〇年）第一幕第一場一四九—一五一行。

＊53　アレキサンダー・ポープ（Alexander Pope）（一六八八—一七四四年）は、イギリスの詩人。ここでは『人間論（*An Essay on Man*）』（ロンドン、一七三二—三四年）（邦訳『人間論』上田勤訳、岩波書店

（岩波文庫）、一九五〇年）第一書簡二〇〇行のこと。

＊54　フランスのカステル神父（Louis-Bertrand Castel）（一六八八―一七五七年）が目の不自由な人のために考えた、打鍵すると音の代わりに色彩が現れるクラヴサン（clavecin oculaire）のこと。例えば、« Clavecin pour les yeux, avec l'art de peindre les sons et toutes sortes de pièces de musique », *Mercure de France*, Novembre 1725, pp. 2552-2577を参照。一八世紀当時は、チェンバロやクラヴィコードなど、さまざまな鍵盤楽器を総称して「クラヴィーア」と呼んでいた。当時はまだ現在の意味でのピアノは存在しないので、ここではチェンバロのフランス語圏での呼び方である「クラヴサン」と訳した。

＊55　一七八九年の第二版では「理性は命名という賜物になる」と変更されている。

＊56　ヨハン・ゲオルク・ズルツァー（Johann Georg Sulzer）（一七二〇―七九年）は、スイスの神学者、哲学者。著書に『快と不快という感覚に関する理論（*Theorie der angenehmen und unangenehmen Empfindungen*）』（ベルリン、一七六二年）。特に「快と不快という感覚の起源について」の考察は、一〇九頁以下。

＊57　近東あるいは西アジアの意味。古典的なアッティカの修辞学と比較すると、アジア的なレトリックは大胆な比喩の豊富さが特徴。コンディヤックも『人間認識起源論』（第二部第六五節）で、これについて言及している。

＊58　アルバート・スクルテンス（Albert Schultens. ドイツ語式発音ではシュルテンス）（一六八六―一七五〇年）は、オランダの神学者、オリエント学者。ヘブライ語の起源に関する著書（*Origines Hebraeae*, Lugduni Batavorum [= Leiden], 1761）がある。

＊59　小さな化粧瓶を表すラテン語ampullaから。飾り立てた美辞麗句の喩え。古代ローマの詩人ホラティウス（第一部・訳注＊50参照）が『書簡詩』第二巻第三歌（『詩論』）九七行で、この比喩を用いている。

*60　ベーコンの『ノヴム・オルガヌム』第一巻にある「市場の偶像（idola fori）」に関連した表現。厳密な観察や実験から得られた概念ではなく、間違っていたり不明瞭だったりするような日常的な言語表現からの概念のこと。

*61　チベットの首都ラサの古名。イエズス会士グリューバー（Johann Grueber）（一六二三—八〇年）がヨーロッパ人として初めてここを訪れ、この地がバラントーラと呼ばれていることを、のちに報告している（Athanasius Kircher, *China monumentis: qua sacris quà profanis nec non variis naturae et artis spectaculis aliarumque rerum memorabilium argumentis illustrata*, Amsterdam, 1667, S. 91f., 316-323）。

*62　エマヌエル・スヴェーデンボリ（Emanuel Swedenborg）（一六八八—一七七二年）は、スウェーデン出身の科学者、神秘主義思想家。主著に八巻本の『天界の秘儀（*Arcana coelestia*）』（ロンドン、一七四九—五六年）。

*63　フリードリヒ・ゴットリープ・クロプシュトック（Friedrich Gottlieb Klopstock）（一七二四—一八〇三年）は、ドイツの詩人。キリストの受難と復活をテーマにして宗教的感情を豊かに表現した壮大な叙事詩『救世主《メシアス》（*Der Messias*）』（ハレ、一七四九、五一—七三年）は、当時のヘルダーに多大な影響を与えている。

*64　ラ・コンダミーヌ（第一部・訳注*17参照）によって報告されている、アマゾン川支流のシングー川の地域に暮らす先住民族。

*65　例えば、ディドロは匿名で出版した『聾唖者書簡（*Lettre sur les sourds et muets*）』（一七五一年）の中で、ギリシア語やラテン語では一つだけの単語で「魂の状態（état de l'âme）」を表すことができるとしている。

第二部

＊1　初版では、「どのような道のりを経て人間は／きわめて適切に／言語を／発明することができ／また発明せざるをえなかったのか？」に変更されている。清書稿では該当する頁が欠落しているので、その段階の状態は確認できない。

＊2　ビュフォンについては、第一部・訳注＊51参照。

＊3　「機械」としての身体については、第一部・訳注＊20参照。

＊4　古代ギリシアの哲学者プラトン（前四二七―三四七年）による『国家』第七巻、五一四A以下に出てくる比喩。地下の洞窟で縛られた者は、洞窟の壁に映る影を実体だと思い込んでいる。すなわち、人間が見ているのは実体の影にすぎないという。

＊5　ライプニッツによる認識の体系との関連。「曖昧（obscura）」に「明晰（clara）」が、「雑然（confusa）」に「判明（distincta）」が対置されている。「明晰判明（clara et distincta）」の概念は、すでにデカルトの『方法序説（*Discours de la méthode*）』（ライデン、一六三七年）（邦訳『方法序説』谷川多佳子訳、岩波書店（岩波文庫）、一九九七年）に現れる真理の判断基準である。「明晰」とは、疑う余地なく明らかな認識であり、「判明」は明晰かつ他から区別されている認識とされる。

＊6　旧約聖書『詩編』第一九章第二節以下。「天は神の栄光を物語り／大空は御手の業を示す。／昼は昼に語り伝え／夜は夜に知識を送る。／話すことも、語ることもなく／声は聞こえなくても／その響きは全地に／その言葉は世界の果てに向かう」のうち「昼は昼に語り伝え」の部分に対応。

＊7　手稿最終稿では、最初は「牡蠣のように暗く感じているだけの存在」だったが部分的に削除され、「暗く感じているだけの牡蠣」になった。「牡蠣」は、魂をもたず思考をしない存在の例としてデカルトが挙げている。デカルトのニューカッスル侯への書簡（Lettre au marquis de Newcastle, 23.11.1646, in *Œuvres de Descartes*, publiées par Charles Adam et Paul Tannery, tome IV, Paris: J. Vrin, 1972, p.

576）を参照。

＊8　「モナド」については、第一部・訳注＊3参照。ライプニッツは『モナドロジー』の中で、感覚と記憶をもつ動物がもっているのは、麻痺しているような状態の「夢見る」モナドだとしている。段階がいちばん低いのは物質の「眠れるモナド」、人間がもつのは神の似姿としての「精神のモナド」、最高次元のモナドは神に属する。

＊9　レッシングの『文学書簡』第一部、五二頁に同じような表現がある。これをヘルダーは『断想集』第二集ＢＩですでに引用しているが、その際は出典を注で明記している。

＊10　家族愛を表すギリシア語 στοργή のこと。手稿最終稿と清書稿では「（ギリシア語）σоргη」と記され、初版では「（ギリシア語）ςτоргή」となり、第二版では「（ギリシア語）σоргη」に戻されている。特に親の愛情や優しさ（Zärtlichkeit）を意味する。木村直司訳の注では、詩語の「愛」をヘルダーが誤記したと見ている。初版で正しく訂正されたはずの ςτоргή が第二版でなぜ誤記状態に戻されたのかは不明。

＊11　オシアン（Ossian）とは、スコットランドの伝説的な英雄詩人。スコットランドの作家マクファーソン（James Macpherson）（一七三六―九六年）が発見したというオシアンの詩『フィンガル（*Fingal, an Ancient Epic Poem in Six Books*）』（ロンドン、一七六一年）が出版され、当時大きな話題となったが、実際のところはマクファーソンによる創作が大部分だと見られている。

＊12　「獣人（Thiermenschen［sic］）」は、ルソーが『人間不平等起源論』で想定した野生状態の人間のこと。あとに出てくる「森の人」も同様。

＊13　ギリシア神話に登場する牧神パーン（Pān）のこと。山羊のような角と脚をもつ半人半獣の姿で描かれる。「パニック」の語源。名前の由来には諸説あるが、家畜が突然騒ぎ出した時にその原因をパーンの叫びに帰したとされる。昼寝を妨げられると不機嫌のあまり周囲に恐怖をもたらすほどの叫び声をあげたため、とする説もある。

＊14　ティトゥス・ルクレティウス・カルス（Titus Lucretius Carus）（前九九頃―五五年）は、ローマの詩人、哲学者。しかし、この箇所はルクレティウスではなく、ホラティウス『諷刺詩』第一巻第三歌一〇〇行からの引用。ヘルダーの誤記。

＊15　アルゴナウタイは、ギリシア神話の英雄たちの総称。巨大な船アルゴー号で航海をする乗組員の中には、英雄ヘラクレスや竪琴の名手オルペウスもいた。前八世紀頃に成立したホメロスの叙事詩『オデュッセイア』で言及されているのが最古だという。

＊16　地元の（vernaculus）言語。フランクフルト選集版の注に「下僕言語、厨房ラテン語」と書かれているのは、第二版でこの箇所が「家庭の下僕言語（lingua vernacula）」と修正されているため。

＊17　エジプトの芸術が長期間にわたって一様であったことに関しては、プラトン『法律』第二巻、六五六C―Eでも言及されている。一八世紀の美術史家ヴィンケルマン（Johann Joachim Winckelmann）（一七一七―六八年）による『古代芸術史（*Geschichte der Kunst des Alterthums*）』（ドレスデン、一七六四年）（邦訳『古代美術史』中山典夫訳、中央公論美術出版、二〇〇一年）も参照。

＊18　洞窟の住人（Troglodyten）。古代ギリシアの歴史家ヘロドトス（前四八五―四二〇年頃）の『歴史』第四巻にも言及がある。

＊19　ギリシア神話の海神。予言と変身の能力をもつ。

＊20　ラテン語 hostis が「よそ者」と「敵」のいずれも表すということ。

＊21　アントン・ラファエル・メングス（Anton Raphael Mengs）（一七二八―七九年）は、ドイツの画家で新古典派の先駆者とされる。スペイン王カルロス三世の宮廷画家として有名。クリスティアン・ヴィルヘルム・エルンスト・ディートリヒ（Christian Wilhelm Ernst Dietrich / Christian Guillaume Ernest Dietricy）（一七一二―七四年）は、ドイツの画家。アウグスト三世によって宮廷画家に任じられ、その後マイセンの美術学校の校長やドレスデンの芸術アカデミーの会長としても活躍した。

*22　クロプシュトック（第一部・訳注*63参照）の戯曲『ヘルマンの戦闘（*Hermanns Schlacht*）』（ハンブルク／ブレーメン、一七六九年）の第二場。ヘルマン（Arminius / Armenius とも）（前一七頃—紀元二一年頃）は、ゲルマン系ケルスキ族の族長。

*23　ペイディアス（前四九〇頃—四三〇年頃）は、古代ギリシアの彫刻家。パルテノン神殿建設の際に総監督を務めたとされる。

*24　コーランのアラビア語からのドイツ語全訳は、神学者でヘブライ語学者のメゲルリン（David Friedrich Megerlin）（一六九九—一七七八年）によるもので、一七七二年に出版されている。英訳は一七三四年に出版されている。なお、ヘルダーは『断想集』第二集B七でもコーランに言及している。

*25　旧約聖書のこと（第一部・訳注*43参照）。

訳者解説

ヘルダー（Johann Gottfried Herder）（一七四四―一八〇三年）が『言語起源論』を執筆していた時期、彼の手書き原稿を読む機会を得たごくわずかな読者の一人がヨハン・ヴォルフガング・フォン・ゲーテ（一七四九―一八三二年）だった。

一七七〇年九月、シュトラースブルク（現在のフランス・ストラスブール）。荘厳な大聖堂からイル川に向かい、川に沿って西に少し歩いたところにツム・ガイスト（あえて訳せば「霊魂亭」か）という名の宿がある。著作活動ですでに名を成していた二〇代後半のヘルダーがこの街に到着してまもないある日、宿で彼の帰りを待ち受ける一人の大学生がいた。見知らぬ青年の訪問にヘルダーは一瞬戸惑ったようだが、そのほがらかな話しぶりにまもなく打ち解け、二人は語らいつつヘルダーの部屋に向かう階段をともに登っていく。――これが、ヘルダーとゲーテの長きにわたる交流の始まりになった。

象徴的に描かれたこの出会いの場面は、それから四〇年あまりを経たあと、ゲーテが自叙伝『詩と真実』の第二部（一八一二年刊）第一〇巻で記したものである。この回顧録によれば、眼病手術のためにシュトラースブルクでの長期滞在を余儀なくされたヘルダーをゲーテは朝晩訪れて、その幅広い知識や洞察から多くの刺激と影響を受けたという。

初対面から程なくして、ゲーテはヘルダーが「言語の起源に関する著作」を懸賞に応募するために執筆していること、しかもそれが完成間近であることを知る。そして、数部の冊子として細い糸で綴じられた「とてもすっきりとした筆跡」の原稿に触れることになった。ゲーテ自身は「言語の起源」というテーマについてそれまで考えたことはなかったという。神が人間を人間として創造したのなら、人間にははじめからそなわる身体機能にともなって、直立歩行と同じように言語も当然人間に授けられていたはずだと考え、それ以上疑問に思うことはなかったらしい。また、人間の起源を神によるものと見れば言語の起源もまた神にあるはずだし、人間を自然な存在として見た場合には言語もまた自然なものである以上、「魂と身体のような」二つのものを切り離し、神と自然的な存在としての人間のいずれに言語の起源があるのかと考えることなど、まったく思いもよらなかったという。しかし、ヘルダーにとっては、言語やその形成発展というテーマは、著作活動の初期から一貫して深く問い続けてきたテーマだった。

『言語起源論』前史

ヘルダーは、一七四四年八月二五日深夜、東プロイセンの小都市モールンゲン（現在のポーランド・モロンク）で生を享けた。父親は教会の鐘撞《かねつ》きや雑用、そして住居を兼ねた建物での初等教育の手ほどきによって収入を得ており、家族の生活を辛うじて維持していた。聖書や讃美歌を大切にする両親のもとで育ったヘルダーは、少年の頃から読書好きではあったが家庭の経済環境のため大学に進学することはかなわず、まずは教会の副牧師トレショの家に書生として住み込むことになった。トレショの原稿の筆写を手伝ったことはヘルダーの筆跡に磨きをかけただろうし、その家の豊富な蔵書、特にクロプシュトック、レッシング、ヴィンケルマン、ルソーらの著作に触れたことはその後の思索の基盤になる。そうして、この頃ちょうどモールンゲンに駐屯していたロシアの軍医に才能を見込まれ、ヘルダーはケーニヒスベルク（現在のロシア・カリーニングラード）の大学に進むことになった。

ケーニヒスベルク大学では医学を学ぶ計画だったが、繊細な青年ヘルダーは最初の解剖も堪えられずに失神したほどだったので、結局、神学部に進む道を選んだ。学業のかたわら神学校での舎監や授業などの収入で生活していたが、この街でヘルダーは二つの重要な出会いをする。

一つは、大学でイマヌエル・カント（一七二四―一八〇四年）の哲学講義を受け、その後、個人的交流に発展したことである。当時のカントは講義でジャン＝ジャック・ルソー（一七一二―七八年）の著作を熱心に扱っており、その影響をヘルダーも強く受けることになった。他にヒュームやスヴェーデンボリの思想、カントが講義していた天文学、論理学、形而上学、道徳哲学、自然地理学など、さまざまな学問領域を通してヘルダーの知識や関心は大きく広がったことだろう。

もう一つの出会いは、ヘルダーの人生により直接的な影響を及ぼすものだった。それがヨハン・ゲオルク・ハーマン（一七三〇―八八年）との出会いである。のちにゲーテをして

「時代で最も明晰な頭脳」と言わしめ、同時代人からは「北方の博士(マグヌス・イム・ノルデン)」とも称された、このきわめて博学な在野著作家は、ヘルダーに英語の手ほどきをし、彼が書いた原稿の公刊を促し、またケーニヒスベルクからリガ（現在のラトビア共和国首都）に移る際には就職の仲介もした人物である。ヘルダーがケーニヒスベルクを離れてからも、ハーマンの死に至るまでの数十年にわたって両者のあいだには書簡を通じて精神的かつ個人的な深い交流が続いた。『言語起源論』との関わりで言えば、その著作に最も印象的に響いているハーマンの言葉は、「詩《ポエジー》は人類の母語である」（『美学提要』一七六二年）であろう。聖書やルター神学に深く根ざし、また古今東西の文学に広い関心をもちつつ言語に関する思索を深めるヘルダーの特徴は、ハーマンからの影響とこの「師」との密接な交流を抜きにしては考えられない。

ヘルダーは、ケーニヒスベルク時代に得た文芸批評家としての評判を土台にして、リガでも同様の著作活動を続けた。当時二〇歳のヘルダーは司教座教会付属学校に副牧師として着任後まもなく、「学問の言語を熱心に学ぶことに関して」（一七六四年）という講演を行ったが、それをさらに地元の雑誌で匿名出版している。さまざまな言語、特に母語の学習意義を訴えかけるこの講演には、その簡潔さにもかかわらず、人間にとって言語が本質的であること、土地や国民の性質と言語の密接な関連、言語の多様性の意義など、『言語起源論』の先取りとも言える要素が豊富に見られる。

こうしてヘルダーは説教者や学校の教師という枠を超えて自らの著作を広く世に問うことを望み、当時の文芸批評や思想書から知的刺激を得て書きためた文章をまとめて『近代ドイツ文学についての断想集』（第一―二集、一七六六年、第三集、一七六七年）として出版した。この『断想集』は出版からまもなく主要誌で書評されるなど、ベルリンをはじめ各地で注目を集め、ヘルダーは文芸批評家として一躍有名になる。

この著作で最も重点的に扱われたテーマがまさに「言語」である。ヘルダー独自の観点として挙げられるのは、さまざまな言語を扱う際、単に古代語と近代語という区分で終わらせず、それぞれの言語が形成発展した時や場所との関連、すなわち歴史的な流れの中で考察を試みたことである。各民族における思考と言語と文学の緊密な結びつき、また、人間の人生にさまざまな段階があるように、人間の言語も幼年期（感情の言語）、青年期（詩）、老年期（散文）と文化の段階を経て発展していくというヘルダーの見解は、ちょうどこの時期に出版された一冊の書物の主張するところとは、まったく相容れないものだった。

その書物とは、ベルリンのプロイセン王立学術アカデミーの会員だったヨハン・ペーター・ズュースミルヒ（一七〇七―六七年）による『最初の言語が人間でなく創造主のみにその起源をもつことを証明する試み』（講演一七五六年、出版一七六六年）である。言語はすでに完成された状態で神から人間に授けられたものだと主張するこの著作を読んだヘルダーは、一七六七年一〇月に友人シェフナーに宛てた手紙で「私もこれについて意見を述べたい」と強い意欲を示している。当時の彼は『断想集』が受けた批判を鑑みて加筆・修正作業をしていたが、一七六八年に出版予定の第一集改訂版にズュースミルヒの『証明する試み』への反論を組み込んだ。その中でヘルダーはズュースミルヒの言語神授説を批判し、「人間的な言語起源」を支持する立場を表明する。

ところが、思いがけない事態によって『断想集』改訂版の出版計画は頓挫してしまった。こうして言語の起源に関するヘルダーの意見開陳の機会は失われたかのように見えた。だが、彼がそれまでの著作活動で一貫して扱ってきた「言語」というテーマ、言語の形成と発展への関心、同時代の思想からの影響や反論への動機はそのぶん静かに蓄積され、熟していったのである。

ベルリン・アカデミーによる懸賞課題とその経緯

哲学者ライプニッツの助言をもとに創設されたプロイセン王立学術アカデミーでは、フリードリヒ二世（大王）の時代である一七四四年の改革の結果、未解決の学術的問題の解決案を公募し、審査で選ばれた優秀な案に報酬を支払うことになった。この懸賞課題は定期的に出題され、一七七一年春の審査については以下のような設問が出される。

人間はその自然な能力に委ねられて自ら言語を発明することができたか。また、どのような手段で人間はその発明に到達するか。この問題を明快に説明し、すべての難点を満足させる仮説を求む。

この設問に続けて、提出期限は一七七一年一月一日、審査は同年五月三一日、とヘルダーのメモには記されている。彼はこの懸賞課題を知って、一七六九年一〇月末に友人で出版者でもあるハルトクノッホに宛てた手紙に「まさに自分のために与えられたような、すぐれて偉大で真に哲学的な問いだ」と書いている。リガでの『断想集』改訂版の執筆から約二年、彼の興奮と喜びが伝わってくるようだ。しかも、この時期は、ヘルダーが人生の大きな転機を経験していた最中である。リガの職を辞して船でフランスに向かう洋上の旅人となったのである。この手紙をしたためたのは、フランスの地に初めて足を踏み入れた、その港町ナントだった。その後、パリ、アムステルダム、ハンブルク、リューベックなどをめぐる旅を続けたが、その期間に『言語起源論』の構想が練られ、草稿が執筆された。そして、眼病治療に訪れたシュトラースブルクで原稿は完成し、ベルリンに提出されることになる。

そもそもアカデミーの課題の背景は何だったのだろうか。その問いに答えるための鍵と、設問から期待される解答は、すべて設問文に含まれている。アカデミー会員ズュースミルヒの言語神授説は、当時の総裁モーペルテュイを筆頭としてアカデミーの他の会員からはきわめて不評だった。彼らはコンディヤックやルソーなどフランスの啓蒙主義を評価しており、ズュースミルヒの主張を覆して言語の人間的起源が証明されることを求めていた。つまり、出題者であるアカデミーが懸賞課題で期待していたのは、「人間が言語を発明したことをどうしたら説明できるのか」という問題を解決する論文にほかならない。

まさにその期待に応えようとしたのが、ヘルダーの『言語起源論』だった。ちなみに、言語の起源に関しては、「発明する」という表現よりも「創り出す」あるいは「形成する」という訳語のほうが穏便でなじみがいいかもしれないが、課題文の原語であるフランス語では inventer（発明する）という語が用いられている。これは古典修辞学で重視されるラテン語 inventio（発想）にもつながる、創造的な「案出」・「創案」の行為を表す動詞である。このフランス語 inventer をヘルダーは erfinden（発明・考案する）というドイツ語に訳して自説を展開し、いずれ師友ハーマンから激しい批判を浴びることになるが、それに関してはここでは立ち入らず、「人間が言語を発明した」ことを説明して三〇本の応募論文の中からアカデミーに最優秀と評価された内容をごく簡単にまとめておくことにしよう。

言語起源に関するヘルダーの見解

この著作全体を読むと、ヘルダーは、人間が「まったく神によらず」みずからの手で言語を発明することができた、とは言っていない。つまり、厳密に言えば、ズュースミルヒの唱えた言語神授説を完全に否定してほしいというアカデミーの期待には応えていない。キリスト教という土壌に育ち、まして教役者であったヘルダーが神の存在や人間が神に創られた存在であることを否定しなかったのは当然である。このことはヘルダーも自覚しており、アカデミーの意図に反して何も「仮説は提供」しなかったが、この著作によってズュースミルヒの仮説を反駁できたなら満足だ、と第二部の末尾で述べている。

この著作で彼が主に論じたのは、人間を同じく被造物である動物と差別化するのは「理性と言語」であること（第一部）、そしてその言語を人間は継続的に形成し続けたこと（第二部)、の二点である。前者はコンディヤックやルソーの言語起源に関する見解と異なる視点を提供し、後者はズュースミルヒの言語神授説への批判になっている。

ヘルダーによれば、コンディヤックやルソーは人間の言語を動物の感覚的な叫びと同様に扱ってしまっており、それでは人間の言語の起源は説明できない。ここでは現代の我々が考えるような進化論の枠組みで動物から人間への進化が述べられているわけではなく、動物と人間の違いが精神的段階というモデルで捉えられている。だからこそ、たとえフランスの哲学者たちが仮説的に動物的な、より低い精神的段階に人間を置いたとしても、人間は人間であるかぎり、最初から「動物として、人間はすでに言語をもっている」という冒頭のテーゼが意味をなす。言い換えれば、ヘルダーが『言語起源論』を通して取り組んだのは「人間を人間としているのは何か」という問いであり、その答えとして「言語」があった。人間は動物ではなく人間でしかありえないが、それは言語をもっているからであり、その言語は人間の理性と同時に存在し、理性の働きとしての、ゆっくり踏みとどまって深く思考する「思慮深さ(Besonnenheit)」によって「発明」されるのである。

第二部でヘルダーが展開する言語の「継続的な」形成という考えの対極にあるのは、言語がすでに完成した状態で神から教示された、とするズュースミルヒの説である。この歴史的な言語の形成発展とは、ヘルダーが何年も前から考察を続けてきたテーマそのものだった。さまざまな地域、時代、形成段階に応じて言語は発展し続けるし、人間は人間であるからこそ、言語を発展させ続ける力をもっている。これを逆に考えれば、言語が完成された状態で人間に与えられたという結論には決してなりえない。

ヘルダーは結論部分で「人間の魂」による「言語の発明」について繰り返し述べているが、この魂が「神の業《わざ》」によるものであることも同時に明記している。その点では間接的な言語神授説とも言えるかもしれない。ただし、第一部、第二部を通して、言語の起源の重点は、神でもなく動物でもなく、人間そのものへと移されているので、人間中心的言語起源論であることは間違いない。その人間礼賛が最もよく現れている箇所を第一部第三章から引用してみよう。ここでヘルダーは旧約聖書の天地創造物語における言語の起源の記述よりも「高貴かつ美しく」、「オリエント的かつ詩的」に述べることを目指している。

人間が自分で言語を発明した！――生ける自然のさまざまな音から！――支配する悟性の目印とするために！

父なる「神」の言い換えとみなせる、母なる「自然」から与えられた音を手がかりとして、人間はみずからに元来そなわる力を用いて思考と結びついた内的言語を「発明」したとヘルダーは力強く述べたのである。

『言語起源論』の影響

だが、結局のところ、ヘルダーの『言語起源論』は人間の内部で言語が「発明」されざるをえなかった、と論じていても、それ以上、近代的な言語学という意味で言語の起源を追究したわけではない。その問題を指摘したのは、メルヒェンで有名なグリム兄弟のうち兄の言語学者、ヤーコプ・グリム（一七八五―一八六三年）である。ヘルダーが懸賞課題で賞を得た、その同じベルリンの王立学術アカデミーで、ヤーコプは一八五一年に『言語の起源について』という講演を行っている。その一方でヘルダーの『言語起源論』のエッセンスを言語哲学的に消化吸収したのは、ヴィルヘルム・フォン・フンボルト（一七六七―一八三五年）だった。一八二〇年代から三〇年代にかけてのフンボルトの言語哲学的著作には、ヘルダーの『言語起源論』の痕跡と言える内容が散見される。

「言語の起源」というテーマは、自然科学からのアプローチも含めて現代においても興味が尽きることはない。ヘルダーの『言語起源論』は、神を中心とする言説から人間を中心とする言説へとシフトしていくその分岐点として、そして人間とはいかなる存在かを問い直すための手がかりとして、初版から二五〇年近く経った今日でも再読する価値をもっている。

成立事情と校訂版

ゲーテはシュトラースブルクでヘルダーの自筆原稿を「大きな喜びを感じつつ読んだ」と『詩と真実』に綴った。この著作はゲーテを力づけるものでもあったようだが、その一つの要因がヘルダーの手書き文字にあった。「彼の筆跡は私に魔法のような力を及ぼした」とゲーテは当時を回顧して述べている。自筆原稿のもつ力は印刷された書物の放つオーラとはまた別物であり、まして手書き文字の「魔法のような力」を翻訳によって再現することなど、いくら望んでも無理というものだろう。だが、その無理を承知の上で、そしてその見えない力が訳文のどこかに働きかけてくれることを願いつつ、本訳書ではヘルダーがみずからの手で記した原稿の最終版を底本とすることにした。ただし、『言語起源論』の成立過程は複雑で、これまでの校訂版を編集した研究者たちも皆それぞれに苦悩と工夫をしつつ、それぞれの版を確定している。ここでは『言語起源論』の成立史と編集史をごく簡単にたどりつつ、本訳書の構想を記しておきたい。

ベルリン国立図書館の手稿部門に所蔵されているヘルダーの手書き原稿は計三種類ある。そのさらに前の構想メモもヴァイマルのゲーテ・シラー文書館に存在するが、『言語起源論』の直接の成立過程とみなせる手稿はベルリン国立図書館の「a」、「b」および「𝔞」である。

「a」はいちばん早い段階のもので、筆跡も荒く、よく言えば情熱的な筆致で書かれている。タイトルや見出しの代わりに、冒頭には「α（アルファ）／Ω（オメガ）」と記されており、冒頭の一文こそ最終稿とほぼ同じだが、構成はその後のバージョンとはかなり異なっている。

「b」は「a」と比べてすっきりした筆跡で書かれており、段落分けや章立ても「a」より明確になっている。第一部が二分冊（五枚程度の紙を二つ折りにして原稿を記したもの）、第二部も二分冊（六枚と二枚の紙の二つ折り）になっていることから、ゲーテが最初に手に取ったのはこの段階のものだと考えられる。

「ɑ」は、第一部のみ（四枚二つ折りにさらに紙をはさんだものと一一枚二つ折りの計二分冊）で、第二部はない。「b」と比較すると、細かい点や本文の順序など、さまざまな部分で手を加えられている。強調部分に引かれた下線の種類に少なくとも二種類あることがインクの色の濃淡や削除線（直線と螺旋型の線）の違いから分かる。細かな訂正に関してもインクが数種類見分けられるので、この版を一度完成させてから少なくとも二回は通して読み返し、推敲したと推測できる。しかし提出期限を考慮すると、第二部について同様の作業は間に合わなかったのだろう。目の手術の不首尾も少なからず影響したのかもしれない。その結果、ベルリン・アカデミーに提出するための清書の原稿は、「ɑ」の第一部と、「b」の第二部、という組み合わせになった。ここまでがヘルダー自身による手書き原稿である。

アカデミーに実際に提出された清書版（「R」）はヘルダーではなく別の筆耕者の手になるものである。飾り文字の使用、段落分けや行間空けや文字下げなど、審査の際の見た目を意識してか、レイアウトに工夫を施そうとした跡が見られる。ただし、後半になると筆耕者が時間に追われたのか、あるいは疲れてきたのか、字がだんだん雑になっていく。この清書版にヘルダー自身が目を通し、訂正を施したり、注を書き込んだりしており、それらの変更は初版に反映された。また、筆耕者が引用符で括った原稿段階の強調部分をヘルダーはさらに下線で強調している。引用符と下線による二重の強調処理がなされた結果、初版のいくつかの箇所がヘルダー自身の発言内容の強調なのか、他の文献からの引用なのか、読み手にとっては判断が難しくなっている。

いずれにせよ、ヘルダーがアカデミーへの提出直前に行った作業は、清書版に目を通して手を加えることであり、そこから遡ると、「𝔞」の成立は提出間際ではないはずである。提出期限の一七七一年一月一日にシュトラースブルクからベルリンのアカデミーまで郵便馬車で届くようにするなら、一二月のクリスマス前までには発送しなければならず、清書版の推敲、清書版の筆耕委託、「𝔞」の二度の推敲、「𝔞」の執筆、と逆算していくと、シュトラースブルクでヘルダーとゲーテの交流が続いていた時期に重なるので、回顧録『詩と真実』の記述から推測できる「b」のみでなく、「𝔞」や、場合によっては清書版もゲーテが目にした可能性は排除できない。

一七七二年に初版（「A」）がアカデミー経由で出版されるが、その校正作業にヘルダーは関わっていない。そのため、確認や修正の機会もなく本人としては非常に不満だったらしい。初版から一五年以上を経た一七八九年、ようやくヘルダー自身が加筆修正をした第二版が出版されることになる。

このように、三つの段階の自筆原稿、清書版、初版と第二版と、おおまかに六つの層がある中でどれをもってヘルダーの『言語起源論』の確定版テクストとするかという判断は、原語であるドイツ語の現代版でも決して容易ではない。そうした状況で編纂された校訂版のうち、現在の研究で参照される代表的なものを挙げると、①ズプハン全集版（一八九一年）、②レクラム文庫版（一九六六年）、③フランクフルト選集版（一九八五年）、④ハンザー版

（一九八七年）である。フランクフルト選集版は、あえて初版のみを底本としている。一八世紀当時の読者が接し、彼らに直接影響を与えたのは初版だから、というのがその根拠である。その判断に対してはハンザー版の編纂者から、『言語起源論』はヘルダーリンの詩のような文学作品ではなく論説文（Sachtext）なのだから初版にこだわる必要はない、と皮肉に満ちた批判がなされた。そのハンザー版や、学生たちにも身近なレクラム文庫版が底本として選んだのはズプハン全集版である。これは初版および第二版とヘルダーの自筆原稿から本文を再構成している。各版の異同も細かく記されており、文献学的価値は高い。ただし、清書稿はズプハン全集版の編纂当時には消失したとみなされていたため、その内容は当然のことながら反映されていない。この「幻の」清書版は一九五〇年代になって偶然発見されることになる。この発見によって、手書き原稿から初版に至るあいだの「失われた環」における、筆耕者の判断や書写の際の誤記、ヘルダー自身の加筆修正の過程、そして何よりもベルリン・アカデミーに提出され、審査の上で賞を得た『言語起源論』そのものの姿が明らかになった。そのため、その後のレクラム文庫版やハンザー版は、ズプハン全集版に清書版からの情報を加えて本文を確定している。

こうしたさまざまなコンセプトや経緯から成り立つ『言語起源論』のテクスト諸層のうち、本訳書で底本としたのは最終版の手書き原稿（第一部は「𝔞」、第二部は「b」）であるが、その主な理由は以下のとおりである。

(1)本訳で明示したごく数箇所以外、初版や清書版と内容上の差異がないため。

(2)清書版の筆耕者の手が入る前の、ヘルダー自身の筆跡による最終段階の原稿であり、強調下線、感嘆符や疑問符やダッシュなどの記号の使い方、大文字と小文字の使い分け、本文レイアウト、手書きの筆致など、清書版や初版に反映されえなかった要素が多く残っているため。

以上の理由から、ゲーテが目にした段階のヘルダーの手書きテクストを翻訳によって可能なかぎり再現することを試みた。その結果、初版そのものを現代化したフランクフルト選集版のように一つの版を底本としつつ、ズプハン全集版や、その後の版のように初版以前の深層にアプローチすることになった。

翻訳による再現がどうしても困難だった要素の一つは、ドイツ語で通常小文字書きされるはずの形容詞のうち特定の単語をヘルダーがあえて大文字始まりにしていることである。一度小文字書きしたものを大文字に書き直している形跡もあり、例えば「人間の(menschlich)」あるいは「動物の(thierisch《[sic]》)」といった形容詞はヘルダーが意図的に大文字始まりにしたことが分かる。ごく些細なことに見えるが、テクストを声に出して読み上げる文化的背景を考慮に入れると、大文字始まりの形容詞がより意識的に読まれる効果を狙った文体上の工夫であり、強調下線に準ずる意味をもつと考えられる。こうした逸脱としての大文字始まりはズプハン全集版やハンザー版には反映されているが、レクラム文庫版では、ヘルダーが大文字始まりにした形容詞や冠詞も現代のドイツ語正書法に従って小文字始まりに変更されている。さまざまな事情や制約のもとで本文が確定されていくのは、オリジナル言語の校訂版でも翻訳でも同様と言えるだろう。

『言語起源論』の日本語訳

現代版校訂のコンセプトの相違にも関わる、『言語起源論』は文学作品なのか、いわゆる論説文なのか、という問いは、ヘルダーの著作とその理解をめぐる本質的な問いでもあるので、ここでは深く立ち入らないでおく。だが、翻訳の文体面での判断において避けて通ることのできない問題ではある。

『言語起源論』の日本語訳はこれまでに二種類が出版されている。木村直司訳で大修館書店から『言語起源論』が刊行されたのが一九七二年二月一日であり、同年三月二〇日に大阪大学ドイツ近代文学研究会訳の『言語起源論』が法政大学出版局の「叢書・ウニベルシタス」の一冊として出版された。この年は一七七二年のオリジナル初版から二〇〇年の記念の年にあたるため、二冊同年の刊行となったのだろう。いずれも詳細な訳注や解説が施された訳書で、それぞれ何度も版を重ねており、現在でもその学術的意義は高く評価されている（大阪大学ドイツ近代文学研究会訳の新装版が法政大学出版局から二〇一五年に刊行されたことからも、その需要がいまだ減っていないことが分かる）。

木村直司訳はレクラム文庫版を底本とし、ズプハン全集版やその他の版も参照している。

一方、大阪大学ドイツ近代文学研究会訳はズプハン全集版を底本にし、レクラム文庫版は参照した文献として挙げている。両訳に共通しているのは、「学術的」著作としての本書の内容を訳出しようとするコンセプトである。

大阪大学ドイツ近代文学研究会訳の「訳者あとがき」には、訳出の方針として「ヘルダー独特の文体に固執するよりも、むしろ日本語としてできる限り読みやすいものとするように試みた」と明記されている。そのため、底本にはない章の区切りを行ったり、章題を独自に補ったり、ズプハン全集版における強調字体を独自の判断で割愛するなど、レイアウト上の変更を大胆に施している。もっとも、「読みやすさ」という方針が最大限に表れているのは、訳文自体だと思われる。原文に言葉を補いつつ、読者に内容ができるだけ理解できるようにする配慮がなされている。一九六〇年代の学生紛争のただなかで複数の訳者が研究会に集まり、おそらく学問の意味を互いに問いかけながら熱く議論を重ねて訳出したのがその強みと言えるだろう。

木村直司訳では、「解説」において「ヘルダーの文章は、学術的な論文であるにもかかわらず、修辞的な疑問文や感嘆文に満ちあふれ」ていること、また、翻訳作業においてドイツ語の概念がもちうる複数の意味内容を文脈によって個々に限定しなくてはならなかった苦労が記されている。いずれもヘルダーの著作のもつ文学的要素に関する重要な指摘である。木村はこの著作を訳し込むことをしない。例えば人称代名詞を名詞で補うことをあえてせず、そのまま冷静に訳出している場合が多い。その代わり訳語は常に厳選されており、訳文も文法的にきわめて正確である。そうすることにより翻訳全体が原文よりもさらに哲学的で「学術的な論文」の体裁をまとうことになった。

これらの既訳と比較すると、本訳書はヘルダーの著作がもつ文学的・詩的側面をより重視したと言えるだろう。訳す際、テクストを音読したらどのようなアクセントやアーティキュレーションになるかを特に意識した。ヘルダーの『言語起源論』は、論敵ズュースミルヒの『証明の試み』とは異なり、ヘルダーが実際に公の場の講演で読むことはなかった。それでも、このテクストは当時の多くの書物と同じように音読を前提としていると考えられるし、ゲーテもこの原稿を黙読しただけではなく音としても読んだだろう。ヘルダーが部分的にでも読み上げた可能性は十分に考えられる。その音読のための補助記号が原文のテクストには多く存在している。例えば、疑問符や感嘆符である。日本語では「学術的」とは逆の効果をもたらす怖れのあるこれらの記号を、本訳書では楽譜における演奏記号のようなものとみなし、可能なかぎり原文のまま残した。もう一つ重要な記号はダッシュ（ドイツ語ではGedankenstrich. 直訳すれば「思考の線」）である。これは楽譜で言えば休符にあたる、満たされた沈黙の記号である。こうした記号自体は音にならないし、テクストの内容にも直接影響を及ぼさないことから、これまでの日本語訳はほとんど割愛してしまっているが、本訳書では、底本とした手稿最終稿に従ってできるだけ残した。その点では、フランクフルト選集版と同様にこのテクストを芸術作品のごとく扱っている、という批判を避けられないことは覚悟している。

J.F.A.ティッシュバインによるヘルダーの肖像画（1795年）

ヘルダーはヴァイマルで晩年をともに過ごしたゲーテやシラーとは違い、ドイツ文学の記念碑となるような文学作品は残していない。だが、多くの詩を作り、民謡を収集し、カンタータやオラトリオの作詞もし、ヘンデルの《メサイア》の歌詞をドイツ語に訳し、他にも文学的作品の翻訳を手がけたヘルダーの著作から文学的要素を差し引いてしまえば、彼の著作活動の全体像は見えなくなってしまうだろう。それに、何より『言語起源論』自体が言語と文学や音楽の不可分な関係を繰り返し述べてはいないだろうか。ヘルダーの著作の文学性、さらには音楽愛好家としてクラヴィコードを死の直前まで好んで演奏したヘルダーの著作に見られる音楽性には、今後より多くの注目が集まってもよいと思う。本訳書がそのためのきっかけにもなれば幸いである。

主要参考文献

［ズプハン全集版］
Johann Gottfried Herder, *Sämmtliche Werke*, Bd. 5, herausgegeben von Bernard

Suphan, Berlin: Weidmannsche Buchhandlung, 1891.

［清書版］

Johann Gottfried Herder, *Über den Ursprung der Sprache*, herausgegeben von Claus Träger, Berlin: Akademie-Verlag, 1959.

［レクラム文庫版］

Johann Gottfried Herder, *Abhandlung über den Ursprung der Sprache*, herausgegeben von Hans Dietrich Irmscher, Stuttgart: Reclam, 1966.

［フランクフルト選集版］

Johann Gottfried Herder, *Werke*, Bd. 1, herausgegeben von Ulrich Gaier, Frankfurt am Main: Deutscher Klassiker Verlag, 1985.

［ハンザー版］

Johann Gottfried Herder, *Werke*, Bd. 2, herausgegeben von Wolfgang Pross, München / Wien: Carl Hanser, 1987.

［『言語起源論』手稿カタログ］
Der handschriftliche Nachlass Johann Gottfried Herders, bearbeitet von Hans Dietrich Irmscher und Emil Adler, Wiesbaden: Otto Harrassowitz, 1979, S. 5.
J・G・ヘルダー『言語起源論』木村直司訳、大修館書店、一九七二年（初版）、一九八七年（第五版）。
ヨハン・ゴットフリート・ヘルダー『言語起源論』大阪大学ドイツ近代文学研究会訳、法政大学出版局（叢書・ウニベルシタス）、一九七二年。
ゲーテ『詩と真実』（全四冊）、山崎章甫訳、岩波書店（岩波文庫）、一九九七年。

訳者あとがき

まだベルリンの壁があった一九八七年の映画『ベルリン・天使の詩』（ドイツ語原題 *Der Himmel über Berlin*）の冒頭、白黒の画面に映し出されるのはベルリンに暮らす人々である。彼らの声が次々と聞こえてくるものの、その口は閉ざされている。つまり、聞こえているのは、沈黙している彼らの心の声である。ドイツ語圏の名優ブルーノ・ガンツらが演じる天使は人間の様子を見守り、時に情報を交換する。その様子はまるで最近読んだ興味深い本の話をしているかのようである。私が昔から大好きだったのは、やや近代的な大きな図書館を天使たちが巡回し、一心不乱に本を読んでいる人間たちの肩に優しく触れたり、ただじっと隣に座って見守ったりしているシーンだった。そこでも本を黙読している無数の「声」が聞こえ、いつしか言葉として認識できない不思議な歌声になる。

まさにその図書館でヘルダーの手稿と向き合い格闘する日々が来ようとは、この映画を見た当時の自分は知る由もない。大学の一般教養で課せられた第二外国語としてのドイツ語はかなり苛酷で、ドイツ文学科でもないのに二年目にはカフカの作品を読まされ（そうになって私は逃げ）た、など、ようやく教える気持ちと能力のある先生に出会えるまでのドイツ語学習は恐ろしく苦い思い出ばかりだったからだ。そんな私の世代よりもっと前のことだが、ここに訳したヘルダーの著作が『言語の起源』というタイトルでドイツ語の教材（三修社、一九六九年（第二版））になっていたらしい。現物は確認できていないのだが、七字慶紀《しちじよしのり》氏の「編註」と表示されているので抜粋だったと思われる。それでも、大学生がヘルダーの『言語起源論』を教材としてドイツ語を学ぶ時代がかつてあったのかと思うと何とも複雑な気持ちになる。ヘルダー研究の第一人者である七字慶紀氏のもとで授業を受けたら、この本のエッセンスをさぞかし堪能できたことだろう。その同じ時期、初版からちょうど二〇〇周年にあたる一九七二年に『言語起源論』の日本語訳が二冊出る。日本におけるヘルダー『言語起源論』黄金期と言っても過言ではない。それからさらに四五年が経ちつつある。

言語の起源をめぐる知の冒険と格闘の歴史を壮大なスケールで綴る『言語起源論の系譜』の著者でもある講談社の互盛央さんが新しい訳を出しませんか、とお声がけくださった。すでに二つも立派な既訳があるのに、私などに何ができるのか、悩まなかったといえば嘘になる。むしろ、その悩みは深まる一方だった。実際に翻訳の作業をしていく過程で痛感したのは、二つの既訳それぞれの訳者諸氏の創意工夫だった。特に訳語に関して、既訳に親しんだ読者諸氏がおられたら、本訳書が先達からいかに多くを学んだか、おわかりいただけるだろう。訳語そのもので悩んだ時には木村直司訳に助言を請い、踏み込んだ訳や説明の仕方で困った時には大阪大学ドイツ近代文学研究会訳にヒントをいただくという、贅沢な架空ゼミに一人で出席していたような翻訳作業だった。ここで間接的ながら心からの感謝を表すことをお許しくだされば光栄である。

文庫という性質上、本訳書では訳注はできるかぎりスリムにした。読者諸氏のご関心の向きは、ぜひ両既訳の詳細な訳注や解説も併せてご参照いただければと思う。注が詳細なフランクフルト選集版も翻訳作業で終始参照させていただいた。その編者コンスタンツ大学のウルリヒ・ガイアー教授には、もう何年も研究上の対話の相手になっていただき、今回の翻訳に際しては、何度も長い質問リストにお答えいただいた。感謝申し上げたい。ガイアー教授は、学会でも大学でも講演が実にチャーミングで、講演が音声言語の芸術であることを改めて教えてくださった。原稿を書く段階で必ず音読しておられるそうだ。本訳書にドイツ語の音の美しさの名残りのようなものが少しでも響いて読者に届くとしたら、それはガイアー先生からの贈り物だ。

ヘルダー自身の「声」が聴きたいと思い、手稿が保存されている場所を確認したら、それはあの『ベルリン・天使の詩』の図書館だった。ポツダム通りにある図書館（旧東ベルリン地域のウンター・デン・リンデンにもう一つ歴史的な建物がある）の三階奥に設けられた手稿閲覧コーナーで肉筆の現物に触れて過ごす毎日が始まった。ヘルダーやゲーテの指紋がついた手稿に私の指紋がつくのはあまりに畏れ多い。基本的にものすごく厳密なわりに、意外なところで鷹揚な図書館職員の皆さんはさほど気にしていないようだった。それでも一八世紀の紙の保存状態を悪化させないため、途中からは自主的に白手袋を持参して作業することにした。毎日少しずつヘルダーの手書き文字を解読しに来る謎のアジア人を見守り、さまざまな点で便宜をはかってくださったクライン氏をはじめ、図書館員さんたちにも感謝の一言である。ベルリン＝ブランデンブルク学術アカデミーでの清書稿の閲覧は一日だけだったが、手稿の管理の仕方が違うことを興味深く体験した。ここも手袋着用の義務はないが、代わりに閲覧前後に手を洗うように、という指示がある。手稿だけでなく利用者の健康も守られているような印象を受けた。いずれの施設でも貴重な文献資料の保管と公開の両立に模索を続けているように見受けられた。デジタル化が進む時代になってもオリジナル原稿に触れる中で気づくことも多い。得難い経験をさせていただいたことを感謝している。

手稿を底本にするという手間も時間もかかる翻訳作業に没頭できたのは、多くの方々や機関のご理解と援助のおかげである。勤務先である国立《くにたち》音楽大学は、長期国外研究員という形で一年間の研究滞在を許してくださった。教職員の同僚諸兄姉に心から感謝申し上げる。アレクサンダー・フォン・フンボルト財団（Alexander von Humboldt-Stiftung）からは身に余るほどの多大な支援をいただいた。この研究滞在で二〇一六年四月から七月末、そして二〇一七年一月から三月の受け入れ先になってくださったベルリン自由大学日本学研究所のイルメラ・日地谷＝キルシュネライト教授は、翻訳というテーマへの研究関心を共有するのみならず、素晴らしい研究環境を整えてくださった。この感謝は言葉では言い尽くせない。ダーレムの教会にお連れいただき、小さくもあたたかな雰囲気の聖アンナ教会と音響の素晴らしさで名高いイエス・キリスト教会で祈りと豊かな音楽の時をともにさせていただいたこと、その礼拝を通して聖書朗読や説教のドイツ語の響きに接したことが、この翻訳のどこかに活かせているとよいのだが。

慶應義塾大学の三瓶愼一教授は、冒頭の大事な一文の翻訳で最後の最後まで悩んでいた際に、心態詞研究の観点から有用な助言をくださった。心より敬意と謝意を表したい。自分の著書でなく翻訳でも誰かに献呈してよいのであれば、この訳書は間違いなく互盛央さんに深い感謝とともに捧げられるべきものである。

宮谷尚実

二〇一七年三月二八日
見えない天使が隣に座るベルリン国立図書館の手稿閲覧室にて

KODANSHA

＊本書は、講談社学術文庫のための新訳です。

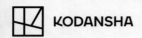

ヨハン・ゴットフリート・ヘルダー

1744-1803年。ドイツの哲学者・文学者・神学者。代表作は，本書のほか，『純粋理性批判のメタ批判』（1799年），『カリゴーネ』（1800年）など。

宮谷尚実（みやたに　なおみ）

立教大学大学院文学研究科博士課程後期課程満期退学。博士（文学）。現在，国立音楽大学教授。専門は，18世紀ドイツ語圏の言語論。著書に，『ハーマンの「へりくだり」の言語』。訳書に，カウフマン『ルター』ほか。

講談社学術文庫

定価はカバーに表示してあります。

言《げん》語《ご》起《き》源論《げんろん》

ヨハン・ゴットフリート・ヘルダー

宮谷《みやたに》尚《なお》実《み》 訳

2017年10月10日　第１刷発行
2023年５月８日　第２刷発行

発行者　鈴木章一
発行所　株式会社講談社
　　　　東京都文京区音羽 2-12-21 〒112-8001
　　　　電話　編集（03）5395-3512
　　　　　　　販売（03）5395-4415
　　　　　　　業務（03）5395-3615
装　幀　蟹江征治
印　刷　株式会社ＫＰＳプロダクツ
製　本　株式会社国宝社
本文データ制作　講談社デジタル製作

ISBN978-4-06-292457-3

「講談社学術文庫」の刊行に当たって

これは、学術をポケットに入れることをモットーとして生まれた文庫である。学術は少年の心を養い、成年の心を満たす。その学術がポケットにはいる形で、万人のものになることは、生涯教育をうたう現代の理想である。

こうした考え方は、学術を巨大な城のように見る世間の常識に反するかもしれない。また、一部の人たちからは、学術の権威をおとすものと非難されるかもしれない。しかし、それはいずれも学術の新しい在り方を解しないものといわざるをえない。

学術は、まず魔術への挑戦から始まった。やがて、いわゆる常識をつぎつぎに改めていった。学術の権威は、幾百年、幾千年にわたる、苦しい戦いの成果である。こうしてきずきあげられた城が、一見して近づきがたいものにうつるのは、そのためである。しかし、学術の権威を、その形の上だけで判断してはならない。その生成のあとをかえりみれば、その根は常に人々の生活の中にあった。学術が大きな力たりうるのはそのためであって、生活をはなれた学術は、どこにもない。

開かれた社会といわれる現代にとって、これはまったく自明である。生活と学術との間に、もし距離があるとすれば、何をおいてもこれを埋めねばならない。もしこの距離が形の上の迷信からきているとすれば、その迷信をうち破らねばならぬ。

学術文庫は、内外の迷信を打破し、学術のために新しい天地をひらく意図をもって生まれた。文庫という小さい形と、学術という壮大な城とが、完全に両立するためには、なおいくらかの時を必要とするであろう。しかし、学術をポケットにした社会が、人間の生活にとってより豊かな社会であることは、たしかである。そうした社会の実現のために、文庫の世界に新しいジャンルを加えることができれば幸いである。

一九七六年六月　　野間省一

E・B・ド・コンディヤック著／山口裕之訳

論理学 考える技術の初歩

ロックやニュートンなどの経験論をフランスに輸入・発展させた十八世紀の哲学者が最晩年に記した、若者たちのための最良の教科書。これを読めば、難解な書物も的確に、すばやく読むことができる。本邦初訳。

2369

互《たがい》 盛央《もりお》著（解説・國分功一郎）

エスの系譜 沈黙の西洋思想史

ニーチェやフロイトは沈黙する「エス＝それ」の淵源を見出したのか。「人」「言語」あるいは「普遍的なもの」とも呼ばれるものをめぐり、「私」を疑い「人間」を探って格闘した者たちを描く近代思想史の冒険。

2385

山上浩嗣著

パスカル『パンセ』を楽しむ 名句案内40章

四十日で『パンセ』を制覇！ この作品は一見近づきやすそうだが、実際に手にすると意外に読みにくい。そこで第一級のパスカル研究者が、その魅力を味わい尽くすために書き下ろした。最高の読書体験を約束！

2394

ジャック・ラカン著／藤田博史・片山文保訳

テレヴィジオン

精神分析中興の祖ラカンが一九七三年に出演したテレヴィ番組の貴重な記録。高弟J＝A・ミレールが問いかけ、一般視聴者に語られる師の答えは、比類なき明晰さをそなえている。唯一にして最良のラカン入門！

2402

フリードリヒ・ニーチェ著／森 一郎訳

愉しい学問

『ツァラトゥストラはこう言った』と並ぶニーチェの主著。随所で笑いを誘うアフォリズムの連なりから「永遠回帰」の思想が立ち上がり、「神は死んだ」という鮮烈な宣言がなされる。第一人者による待望の新訳。

2406

プラトン著／三嶋輝夫訳

アルキビアデス クレイトポン

ソクラテス哲学の根幹に関わる二篇。野心家アルキビアデスにソクラテスは自己認識と徳の不可欠性を説く（アルキビアデス）。他方、クレイトポンは徳の内実と修得法を教えるようソクラテスに迫る（クレイトポン）。

2408

哲学・思想・心理

マルティン・ハイデガー著／森　一郎編訳
技術とは何だろうか　三つの講演
第二次大戦後、一九五〇年代に行われたテクノロジーをめぐる講演のうち代表的な三篇「物」、「建てること、住むこと、考えること」、「技術とは何だろうか」を新訳で収録する。技術に翻弄される現代に必須の一冊。
2507

アンリ・ベルクソン著／杉山直樹訳
物質と記憶
フランスを代表する哲学者の主著——その新訳を第一級の研究者が満を持して送り出す。簡にして要を得た訳者解説を収録した文字どおりの「決定版」である本書は、ベルクソンを読む人の新たな出発点となる。
2509

アントニオ・ダマシオ著／田中三彦訳
意識と自己
意識が生まれるとはどういうことなのか。身体的変化・情動から感情がいかに作られ、その認識に意識はどう働くのか。ソマティック・マーカー仮説で知られる世界的脳神経学者が、意識の不思議の解明に挑む。
2517

中島義道著
カントの「悪」論
カント倫理学に一貫する徹底した「誠実性の原理」。「幸福の原理」を従わせ、自己愛を追求する人間本性に対し「理性」が命ずる誠実性とは何か？　普遍的な倫理学の確立を目指した深い洞察に触れる。
2524

西村ユミ著（解説・鷲田清一）
語りかける身体　看護ケアの現象学
「植物状態」は「意識障害」ではない——。実際に彼らと接する看護師や医師が目の当たりにする「患者の力」とは。自然科学がまだ記述できない、人と人との関わりのうちにある〈何か〉を掬い出す、臨床の哲学。
2529

池田知久著
老子　全訳注
無為自然、道、小国寡民……。わずか五四〇〇字に込められた、深遠なる宇宙論と政治哲学、倫理思想と養生思想は今なお示唆に富む。二〇〇〇年以上読みつがれる大古典の全訳注。根本経典を達意の訳文で楽しむ。
2539

シャルル＝ルイ・ド・モンテスキュー著／田口卓臣訳
ペルシア人の手紙

二人のペルシア貴族がヨーロッパを旅してパリに滞在している間、世界各地の知人たちとやり取りした虚構の書簡集。刊行（一七二一年）直後から大反響を巻き起こした異形の書、気鋭の研究者による画期的新訳。

2564

エマニュエル・レヴィナス著／藤岡俊博訳
全体性と無限

特異な哲学者の燦然と輝く主著、気鋭の研究者による渾身の新訳。二種を数える既訳を凌駕するべく、原書のあらゆる版を参照し、訳語も再検討しながら臨む。次代に受け継がれるスタンダードがここにある。

2566

佐藤義之著
レヴィナス　「顔」と形而上学のはざまで

唯一無二の哲学者レヴィナスの二冊の主著『全体性と無限』（一九六一年）と『存在とは別様に、あるいは存在することの彼方へ』（一九七四年）を解説し、さらに「ケア」という現代の問題につなぐ定評ある一冊。

2567

ジャン＝ポール・サルトル著／澤田　直・水野浩二訳
イマジネール　想像力の現象学的心理学

「イメージ」と「想像力」をめぐる豊饒なる考察――ブランショ、レヴィナス、ロラン・バルト、ドゥルーズなど幾多の思想家に刺激を与え続けてきた一九四〇年刊の重要著作を第一級の研究者が渾身の新訳！

2568

宇野邦一著
ドゥルーズ 流動の哲学［増補改訂］

二〇世紀後半の哲学を牽引した思想家の生涯をたどりつつ主要著作を読み解く、定評ある一冊に加筆・訂正を施した決定版が完成。初期の著作から『差異と反復』、『アンチ・オイディプス』、『シネマ』までの全容。

2603

内田隆三著
ミシェル・フーコー［増補改訂］

言葉を、狂気を、監獄を語るフーコーの視線はどこに到達したのか。新たに長大な序文を加え、エピステーメーの変貌と思考の臨界点を探究した「知の考古学者」の全貌に迫る。

2615

哲学・思想・心理

中野孝次著
ローマの哲人　セネカの言葉
死や貧しさ、運命などの身近なテーマから「人間となる術」を求め、説いたセネカ。その姿はモンテーニュやアランにもつながる。作家・中野孝次が、晩年に自らの翻訳で読み解いた、現代人のためのセネカ入門。
2616

渡辺公三著（解説・小泉義之）
レヴィ＝ストロース　構造
現代最高峰の人類学者の全貌を明快に解説。ブラジルへの旅、ヤコブソンとの出会いから構造主義誕生を告げる『親族の基本構造』出版、そして『野生の思考』を経て『神話論理』に至る壮大な思想ドラマ！
2627

鷲田清一著
メルロ＝ポンティ　可逆性
独自の哲学を創造し、惜しまれながら早世した稀有の哲学者。その生涯をたどり、『知覚の現象学』をはじめとする全主要著作をやわらかに解きほぐす著者渾身のモノグラフ、決定版として学術文庫に登場！
2630

エドワード・S・リード著／村田純一・染谷昌義・鈴木貴之訳（解説・佐々木正人）
魂《ソウル》から心《マインド》へ　心理学の誕生
心理学を求めたのは科学か、形而上学か、宗教か。「魂」概念に代わる「心」概念の登場、実験心理学の成立、自然化への試みなど、一九世紀の複雑な流れを整理しつつ、心理学史の新しい像を力強く描き出す。
2633

野矢茂樹著（解説・古田徹也）
語りえぬものを語る
相貌論、懐疑論、ウィトゲンシュタインの転回、過去、知覚、自由……さまざまな問題に豊かなアイディアで切り込み、スリリングに展開する「哲学的風景」。著者会心の哲学への誘い。
2637

田中美知太郎著（解説・國分功一郎）
古代哲学史
古代ギリシア哲学の碩学が生前刊行した最後の著作。著者の本領を発揮した凝縮度の高い哲学史、より深く学びたい人のための手引き、そしてヘラクレイトスの決定版となる翻訳——哲学の神髄がここにある。
2640

伊藤亜紗著
ヴァレリー　芸術と身体の哲学

なぜヴァレリーは引用されるのか。作品という装置について、時間と行為について、身体について語られた旺盛な言葉から、その哲学を丹念に読み込む。著者の美学・身体論の出発点となった、記念碑的力作。

2645

高橋和夫著（解説・大賀睦夫）
スウェーデンボルグ　科学から神秘世界へ

一八世紀ヨーロッパに名を馳せた科学者が、五〇代にして突如、神秘主義思想家に変貌する。その思考の軌跡は何を語るのか。カント、バルザック、鈴木大拙……数多の著名人が心酔した巨人の全貌に迫る！

2650

マルティン・ブーバー著／野口啓祐訳（解説・佐藤貴史）
我と汝

経験と利用に覆われた世界の軛から解放されるには、全身全霊をかけて相対する〈なんじ〉と出会わねばならない。その時、わたしは初めて真の〈われ〉となるのだ——。「対話の思想家」が遺した普遍的名著！

2677

本田　済著
易学　成立と展開

中国の思想、世界観を古来より貫く「易」という原理の成り立ちとエッセンスを平易にあますところなく解説。占いであり、儒教の核心でもある易を知ることは、中国人のものの考え方を理解することである！

2683

大森荘蔵著（解説・野家啓一）
新視覚新論

視覚風景とは、常に四次元の全宇宙世界の風景である——。心、時間、自由から「世界の在り方としての私」を考える、著者渾身の主著。外なる世界と内なる心があるのではない、世界とは心なのだ。

2684

竹田青嗣著
言語的思考へ　脱構築と現象学

ポストモダン思想の限界を乗り越え、現象学が言語の「謎」を解き明かす！　「原理」を提示し、認識の「普遍洞察性」に近づいていくという哲学的思考のエッセンスを再興する、著者年来の思索の集大成。

2685